Artur Przybysławski

Leerheit macht Spaß!

Artur Przybysławski

Leerheit macht Spaß!

Buddhistische Philosophie
für jene, die gern lachen

Übersetzt von
Stephan Alexander Schmidt

S. Marix Verlag

Artur Przybysławski
hält den Lehrstuhl für vergleichende Gesellschaftsstudien an der Jagiellonen-Universität in Krakau. Habilitation in buddhistischer Philosophie. Er ist Stipendiat der Polnischen Stiftung für Wissenschaft und Übersetzer für Englisch und Tibetisch. Für seine Arbeit wurde er vom Polnischen Übersetzerverband ausgezeichnet. Seine Interessensgebiete sind: Buddhistische Erkenntnistheorie, tibetische Shentong-Philosophie, tibetische Literatur und Kultur, griechische Philosophie. Zusammenarbeit mit dem Karmapa International Buddhist Institute in Delhi und dem International Institute of Tibetan and Asian Studies in Malaga. Reiseleiter in Indien und Nepal.

Stephan Alexander Schmidt
studierte Philosophie, Philologie, Design und Kunst in Deutschland und Frankreich. Er lebt und arbeitet in Berlin.

Inhalt

Vorwort zur deutschen Ausgabe   09

Vorwort zur Originalausgabe   13

1. Wie man mit Strümpfen und Strumpfbändern hantiert
Die Methode der buddhistischen Philosophie   27

2. Wie man Möbel zertrümmern und dabei gerade noch mal so mit einem blauen Auge davonkommen kann
Ein Wort zur Leerheit des Objekts   51

3. Hier sind wir nun, obschon – mitnichten
Ein Wort zur Leerheit des Subjekts   67

4. Betrachtungen beim Konsumieren
Die ganze Welt ist Geist   89

5. Die Sichtweise ist entscheidend
   Ein Wort vom Nutzen der Leerheit   117

6. Karma
   Wir selbst bestimmen, was geschieht   135

7. Leerheit, die jedoch ganz voll ist
   Ein Wort zum Unterschied
   zwischen *rangtong* und *shentong*   159

8. Das Zeitlose
   Ein Wort zum ursprünglichen Bewusstsein   183

9. Die Dominanz des Gehirns
   Ein Wort zur Selbstüberschätzung   203

10. Glücklich, einfach glücklich!   231

Anmerkungen des Übersetzers   261

Vorwort zur deutschen Ausgabe

Benachbarten Ländern in aller Welt bereitet es Freude, sich übereinander lustig zu machen – ganz im Sinne ihres eigenen, spezifischen Humors. Deutschland und Polen bilden dabei keine Ausnahme, wodurch sich für mich, als polnischer Autor, der in Deutschland ein Buch veröffentlicht, natürlich eine ziemlich riskante Situation entfaltet. Wessen Witze sind besser, welche treffen den Punkt und sind tückischer, lustiger? Das wäre Thema einer vermutlich endlosen, philosophischen Diskussion. Besonders dann, wenn Vertreter beider Nationen daran teilnehmen würden. Die einzige Möglichkeit, dieses Risiko zu vermeiden[1], bestand darin, sich dem buddhistischen Sinn für Humor zuzuwenden – welcher nach meiner Ansicht Grenzen überwindet.

Ein weiteres Risiko meinerseits besteht darin, dass es sich um ein Buch über Philosophie handelt – genau

---

1 Auch aus diesem Grund wurde das Buch von der englischen Version her übersetzt, welche, sozusagen, eine internationalere Form annahm als die polnische.

so komme ich daher: ein Pole, der es wagt, den Deutschen etwas von der Philosophie zu erzählen, was Ihnen, meinen deutschen Lesern, an sich schon wie ein Witz vorkommen mag, nicht wahr? Zu meiner Entschuldigung kann ich zumindest vortragen, dass ich mich hier auf die buddhistische Philosophie beziehe, welche, wie ich denke, dermaßen intuitiv und natürlich ist, dass selbst für nicht-philosophische Leserinnen und Leser die Chance besteht, sie zu verstehen. Darüber hinaus zielt diese darauf ab, das Publikum glücklich und freudvoll zu machen, vollkommen unabhängig davon, welche äußeren Bedingungen uns einzuengen versuchen. Weiterhin kann ich zusichern, dass ich dabei eine der höchsten Belehrungen, welche von meinem allerliebsten und unübertroffenen deutschen Autor Georg Christoph Lichtenberg stammt, im Hinterkopf behielt:

»Es gibt Leute, die glauben, alles wäre vernünftig, was man mit einem ernsthaften Gesicht tut.«

Darum habe ich dieses Buch mit einem Lächeln auf den Lippen verfasst, was mir die beste Wahl zu sein schien, zumal das Thema, zudem noch philosophischer Natur, alles andere als trivial daherkommt. Ich hoffe, das vorliegende Buch wird Ihnen ebenfalls ein Lächeln entlocken! Sofern dies eintrifft, war es allein schon wert, geschrieben worden zu sein.

*

Vorwort zur deutschen Ausgabe

Ich bin all jenen zutiefst dankbar, die diese deutsche Ausgabe möglich gemacht haben, im Besonderen Astrid Poier-Bernhard, Stephan Alexander Schmidt und *last but not least* Lothar Wekel. Arbeiten mit Ihnen – sowie Leerheit – macht wirklich Spaß!

Euer Artur

Vorwort zur Originalausgabe

Der 16. Karmapa Rangjung Rigpe Dorje und Dilgo Khyentse Rinpoche, die größten Meister des tibetischen Buddhismus des 20. Jahrhunderts, lachten sich beim Plaudern regelrecht schief, während sie im Garten ihren Tee zu sich nahmen. Als man sie nach dem Grund für ihre Ausgelassenheit fragte, zeigte einer der beiden auf einen nahestehenden Baum und antwortete: »Wisst ihr, alle denken doch tatsächlich, dies sei ein Baum!« Erneut brachen sie in schallendes Gelächter aus.

Plötzlich konnte sich keiner mehr vor Lachen halten, zumal die Herzlichkeit erleuchteter Meister höchst ansteckend ist, auch wenn wir sie nicht immer vollständig nachvollziehen können. Möge dieses Buch als ein Versuch verstanden werden, jenen Witz zu erläutern, der auf der Erfahrung der buddhistischen Philosophie basiert. Die Erklärung hat hier und da vielleicht ihre Längen und mag alldieweil etwas zäh daherkommen, aber ich kann zu meiner Entschuldigung zumindest versprechen, dass es mit Sicherheit recht lustig werden wird. Zudem bringt das Buch jede Menge buddhistische Philosophie zur Anschauung, die sich sogar in lebendige Erfahrung verwandeln und dabei auf überraschende Weise große Freude verursachen kann – wenn man sie durch Meditation transformiert. Von Anfang an hatte die Philosophie die Ernsthaftigkeit der Freude und dem Lachen vorgezogen. Das oberste Prinzip der Philosophie ist Gegenstand großer Ernsthaftigkeit, wie Schelling es einmal schwülstig zum Ausdruck brachte. Philosophie interessierte sich schon immer für Entsetzen, Ehrfurcht, Angst oder andere Geisteszustände, die zu Spekulationen verleiten. Jedoch tauchte in Europa auch ein Philosoph namens Demokrit auf, den man den »lachenden Philosophen« nannte. Er war es, der von seinen fernen Reisen nach Indien die aufheiternde Hypothese des Atomismus mitgebracht hatte, die zu jener Zeit bereits sowohl dem Buddhismus als auch den vedischen Traditionen bekannt gewesen war. Im 20. Jahrhundert gab es dann noch zwei weitere (möglichst ernste) Versuche, der Philosophie das Lachen beizubringen. Der erste war Henri Bergsons Buch *Das Lachen* – jedoch stellte sich heraus, dass sich darin kein einziger Witz finden lässt. Der zweite Versuch wurde von Helmuth Plessner unternommen, dessen Buch *Lachen und Weinen* den Spaß schon von vornherein vermasselte.

Die ganze Sache wird sogar noch haarsträubender, wenn man den Begriff »Philosophie« mit dem Adjektiv »buddhistisch« in Verbindung bringt.

Vorwort zur Originalausgabe

Bedauerlicherweise assoziieren viele Menschen mit Buddhismus noch immer freudlose Askese und emotionale Abkehr vom Leben, welches nichts als Leiden bedeute. Man beachte aber, dass es sich bei der Wahrheit des Leidens, die häufig das Erste und Letzte ist, was oberflächliche Leser buddhistischer Texte bemerken, tatsächlich um die erste der sogenannten »Vier edlen Wahrheiten« handelt. Diese stellen die grundlegendsten Belehrungen Buddhas dar. Die übrigen drei Wahrheiten in diesem Zusammenhang erläutern die Ursache des Leidens (was uns ermöglicht, die Situation, in der wir uns befinden, zu verstehen), den Zustand jenseits des Leidens (ich wage hier zu vermuten, dass es sich um Glücklichsein und Freude handeln könnte), und schließlich den Weg hin zum Zustand jenseits des Leidens (lässt sich so was überhaupt erreichen?!). Der Weg zur Erleuchtung umfasst eine überwältigende Vielzahl buddhistischer Methoden, jede einzelne von ihnen ist darauf spezialisiert, Freiheit und Frohsinn auszulösen. In der Tat gibt es davon nicht weniger als 84 000. Diese umfassen alles, was Buddha in 45 Jahren, vom Moment seiner Erleuchtung an bis zu seinem Tod, gelehrt hat. So wie jeder Tropfen des Ozeans nach Salz schmeckt, hat auch jede einzelne seiner Belehrungen den Geschmack von Freiheit. Es kann sich hierbei also nur schwerlich um das Werk eines Nihilisten handeln, der ein trostloses Dasein voll existenzieller Sorgen bewirbt. Darüber hinaus ist Buddha auch unter dem Namen *Sugata* bekannt. Die Tibeter leiten *su* vom Sanskritwort *sukha* her, was Freude bedeutet, während *gata* für jemanden steht, der sein Ziel erreicht hat. *Sugata*, auf Tibetisch *dewarshegpa*, heißt wortwörtlich »Jemand, der die Freude verwirklicht hat« – bedingungslos, endgültig und ebenso großartig, wie es in den traditionellen buddhistischen Belehrungen beschrieben wird. Sowohl *sugatagarba* auf Sanskrit, wie auch *desheg nyingpo* auf Tibetisch bedeuten buchstäblich »das Herz von jemandem, der die Freude verwirklicht hat«. Man verwendet diese beiden Begriffe, um die Buddha-Natur zu beschreiben, die, nach Aussage der buddhistischen Belehrungen, in jedem mehr oder weniger bewussten Wesen vorhanden ist. Die Verwirklichung dieser Buddha-Natur bedeutet Erleuchtung, welche jedoch nicht ohne einen gewissen, wenn auch nur winzigen Anteil buddhistischer Philosophie möglich ist, welche die Natur der Erscheinungen erläutert und auch die Natur des Geistes, der sie erlebt.

Um also die Ausgelassenheit der oben erwähnten Meister verstehen zu können, jene Freude, die durch buddhistische Philosophie und Meditation Form angenommen hat, muss man die äußere Welt durch das Auge der buddhistischen Weisheit betrachten, das sogenannte Weisheitsauge, das vertikal auf die Stirn der erleuchteten Wesen aus der buddhistischen Ikonografie gezeichnet wird. Es kann die Leerheit aller Dinge durchschauen, wobei es sich, im Gegensatz zur allgemeinen Annahme, um nichts anderes als Freude handelt. Tibeter verwenden den Begriff *detong*. *De* stammt von *dewa*, also Freude, und *tong* stammt von *tong pa ni*, was so viel wie Leerheit heißt.[2]

Auf den ersten Blick handelt es sich tatsächlich um eine recht seltsame Definition von Leerheit, aber ich hoffe doch sehr, dass es im Verlauf des Buches noch ein wenig intuitiver wird. Zugunsten eben dieser Intuition habe ich jedwede mögliche Hermetik und pure Spekulation fallengelassen, welche nur zu oft den essenziellen Ausdruck der buddhistischen Denkweise überschatten, und mich stattdessen dafür entschieden, vor allem die Stimmung beziehungsweise die Atmosphäre der bereits erwähnten Philosophie zu vermitteln und nicht deren Terminologie. Eben jene Stimmung, die dazu neigt, zwischen überbordendem und fachspezifischem Vokabular verloren zu gehen. Aus diesem Grund, weil ich eher der Stimmung als den Buchstaben die Treue halte, möchte ich diese bescheidene Einführung in das buddhistische Denken vor allem in den Kontext unseres Alltags stellen. Denn worin bestünde der Sinn einer Philosophie, die damit nichts zu tun hat? Während manche gerade diese Entfremdung für etwas Wertvolles halten, behauptete Buddha, dass der einzige Anlass für seine Belehrungen darin bestünde, dass alle Wesen

---

2   Die Begriffe, die ich Ihnen zuliebe in diesem Text phonetisch vermerkt habe, lauten in Wylies Transliteration: *bde bar gshegs pa, bde gshegs snying po, bde stong, bde ba, stong pa nyid.*

glücklich sein wollen. Glückseligkeit stellt sich als eine ziemlich praktische Angelegenheit heraus, denn im Endeffekt scheint sich sowieso alles ums Glücklichsein zu drehen. Schließlich wird selbst die abstrakteste Philosophie nur deswegen praktiziert, weil sie den Praktizierenden glücklich macht (dies wird manchmal durch hochtrabende Darlegungen verschleiert). Es handelt sich also um ein Patent zum Glück, vielleicht ein bisschen verdreht, aber trotzdem Glück. Wie im Leben geht es also zugegebenermaßen auch bei der Philosophie nur ums Glücklichsein (wie ließen sich denn sonst etwa die soteriologischen oder eschatologischen Ambitionen der Philosophie erklären?). Buddhistische Philosophie legt die ganze Angelegenheit offen. Sie stellt sich als eine auf Glück spezialisierte Methode heraus, das nicht nur über einen philosophischen Text geneigt oder während der Meditation erlebt werden kann, sondern auch mitten im Alltag, zum Beispiel im Garten bei einer Tasse Tee. Damit das geschehen kann, muss die buddhistische Sichtweise durch Meditation mit dem Alltag verschmolzen werden – diese Einheit stellt sich dann als hervorragende Grundlage für die bereits erwähnte Freude heraus.

Es gibt kein besseres Beispiel dafür als die indische *Mahasiddha*-Tradition, aus der, nachdem sie in Tibet angelangt war, viele verwirklichte buddhistische Meister hervorgegangen sind. Im Gegensatz zur Vorstellung von einem spirituellen Asketen haben diese legendären Meister des buddhistischen Tantra nicht nur Jahre in Meditation verbracht, sondern sie gingen auch zur Arbeit, und mitten in dieser Arbeitsroutine erlangten sie im Geist immer tieferen Einblick in die Natur der Erscheinungen. Tilopa verwirklichte diesen Zustand beim Stampfen von Sesamsamen, während es bei Saraha genau in dem Moment geschah, als ihm eine Dakini (ein weiblicher Buddha) einen handgemachten Pfeil zeigte. Die Tibeter erzählen sich die Begebenheit wie folgt:

> »Mitten auf dem Markt sah er eine Pfeilmacherin, ein junges Mädchen, das mit ganzer Aufmerksamkeit Pfeile fertigte, sie schaute weder nach rechts noch nach links, und er ging auf sie zu. Sie begradigte mit großer Geschicklichkeit ein natürliches Schilfrohr aus drei Gliedern, schnitt es an der Basis und von der Spitze aus ab, befestigte eine Pfeilspitze an der Basis, welche sie zuvor in vier Abschnitte geteilt hatte. Nun band sie die Spitze mit Sehne fest. Sie verzierte die Spitze, welche sie zuvor in zwei Teile geschnitten hatte, mit vier Federn. Mit einem geschlossenen und einem geöffneten Auge hob sie den Pfeil zum anderen [geöffneten Auge] und nahm die Haltung ein, die man einnimmt, wenn man ein Ziel anpeilt. Als Saraha dies erblickte, fragte er sie: ›Junges Mädchen, bist Du eine Pfeilmacherin?‹ Sie antwortete: ›Nobler Sohn, die Absicht Buddhas lässt sich durch Symbole und Handlungen verstehen, nicht durch Worte und Texte.‹ In diesem Moment flammte die symbolische Bedeutung der Dakini in seinem Herzen auf.

Das Schilfrohr symbolisiert das Unfertige. Die darin auftauchenden drei Verbindungen symbolisieren die Erfordernis, die drei Erleuchtungskörper zu verwirklichen. Das Begradigen ist ein Symbol für die Einsgerichtetheit. Das Schneiden der Basis stellt die Notwendigkeit dar, die Grundlage der zyklischen Existenz an ihrer Wurzel zu kappen, während das Kürzen der Spitze symbolisiert, wie wichtig es ist, das Anhaften an ein essenzielles Selbst einzustellen. Die vierfache Spaltung an der Basis ist ein Zeichen der Dringlichkeit, sich selbst mit Erinnerung, Nicht-Erinnerung, Nicht-Ursprung und mit dem Loslassen des Intellekts zu bereichern. Das Fixieren der Pfeilspitze dient als Symbol für die Notwendigkeit, die Pfeilspitze des Unterscheidungsbewusstseins an sich selbst zu befestigen. Sie mit Sehne anzubinden zeigt auf, dass man sich im Siegel der Einheit verankern soll. Der zweifache Spalt an der Spitze ist ein Symbol der angemessenen Mittel und des unterscheidenden Bewusstseins; die vier Federn stehen für Anschauung, Meditation, Verhalten und Resultat. Wenn man ein Auge schließt, während das andere geöffnet bleibt, stellen sich das geschlossene Auge des diskursiven Bewusstseins und das offene Auge des reinen Bewusstseins dar. Die Geste des Hochhaltens [des Pfeils an das Auge] ist ein Symbol für die Erfordernis, den Pfeil der Nicht-Dualität in das Herz dualistischen Verständnisses abzuschießen.

Indem er dies verstanden hatte, war er unmittelbar befreit, und sein Name wurde ›Saraha‹. Zumal in der Sprache der südlichen indischen Gebiete *sa sa ra* als ›Pfeil‹ und *ha ha ta* als ›abgeschossen haben‹ übersetzt wird. Als er den Pfeil der Nicht-Dualität in das Herz des dualistischen Verständnisses abgeschossen hatte, wurde er unter dem Namen Saraha bekannt.«[3]

---

3 Karma Trinlepa: do ha skor gsum gyi ti ka sems kyi rnamthar ston pa'i me long, 4.4-6, nach: Kurtis R. Schaeffer: *Dreaming*

Die anderen Menschen auf dem Markt hatten nur eine Handwerksfrau gesehen, die ihr Produkt vorstellt, aber Saraha konnte in dieser Situation, wie trivial sie auch immer gewesen sein mag, etwas vollkommen anderes entdecken. Sein Geist war durch Meditation schon hinreichend aufgeschlossen und zudem durch buddhistische Philosophie darauf fokussiert, das alltägliche Leben als etwas ausgesprochen Interessantes wahrzunehmen. So eröffnet selbst die gewöhnlichste Situation zahlreiche Gelegenheiten, die wiederum unzählige tiefgründige Erfahrungen hervorbringen können. Es hängt lediglich davon ab, wie offen und gefasst der Geist ist, welcher auf diese Weise vielleicht sogar seine letztendliche Natur verwirklichen kann. So ereignete es sich auch im Fall von Manibhadra. Genau in dem Mo-ment, als sie sich des zufällig aus ihrem Krug tröpfelnden Wassers gewahr wurde, das entlang des Pfades hinunterrann, wurde ihr Geist eins mit allem. Es sind augenscheinlich genau jene Momente, die die buddhistische Verwirklichung krönen, aber selbst am Beginn des Weges, der dorthin führt, kann es eigentlich nicht langweilig werden, weil die Realität sich, aus buddhistischer Perspektive betrachtet, nach und nach als leer entpuppt. Sie ist in der Tat viel interessanter, lustiger und leichter, als wir vorher je angenommen hatten.

---

the Great Brahmin, Tibetan Tradition of the Buddhist Poet-Saint Saraha, Oxford 2005, S. 21 [*Anm. d. Ü.: für diesen Kontext aus dem Englischen ins Deutsche übertragen*].

Die buddhistische Philosophie scheint das alltägliche Leben also durchaus zu begrüßen und gesteht den Alltäglichkeiten eine derartige Leichtigkeit zu, dass der Geist des Erlebers immer mehr Spaß und Freiheit erleben kann. Genau darum wird unser Alltag zur besten Prüfung und Bestätigung der buddhistischen Philosophie. Dies erklärt auch die Tatsache, dass sich unter den *Mahasiddhas* Menschen mit jedem erdenklichen Lebensweg befinden. Sie meditierten nicht nur, sondern sie hatten auch angesehene Positionen in der Gesellschaft inne. Saraha, Nagarjuna, Naropa und Maitripa zum Beispiel lehrten viele Jahre an der großen buddhistischen Nalanda-Universität (um sie schließlich zu verlassen). Oder auch der zuvor schon erwähnte Tilopa, der als Diener einer Hure sein Brot verdiente, Marpa, der vom Ackerbau lebte, aber zur gleichen Zeit ein voll erleuchteter Meister war, polyglott und Übersetzer einer großen Anzahl von Sanskrit-Schriften ins Tibetische, der auf diese Weise zum Wiederaufleben des tantrischen Buddhismus im Land des ewigen Schnees beitrug. Gampopa hatte sich als ausgezeichneter Arzt verdient gemacht und wird noch bis in die heutige Zeit bewundert. Es stellt sich heraus, dass es nicht darauf ankommt, *was* man macht, sondern vor allem *wie* man es macht und welchen Geist man dabei mitbringt. Aus diesem Grund besteht die buddhistische Philosophie aus Theorie und Handlung. Jedes Kapitel dieses Buches bringt jeweils einen essenziellen

Vorwort zur Originalausgabe

Gedankengang der buddhistischen Philosophie zur Anschauung, eher in Form einer Devise denn als theoretische Erläuterung. Es ist also durchaus beabsichtigt, die Philosophie hauptsächlich im Kontext des Alltags und weniger in ihrer theoretischer Dimension zu präsentieren, was ich schon an anderer Stelle erläutert habe. Folglich fühle ich mich hier keineswegs verpflichtet, einen ernsthaften akademischen Diskurs zu entfalten.

Betrachten wir doch ruhig einmal die Welt aus einer anderen Perspektive! Was halten Sie davon? Je mehr wir uns an die buddhistische Sichtweise gewöhnen, desto lustiger wird die Wirklichkeit schließlich, und umgekehrt. Je spielerischer wir der Realität begegnen, als desto selbstverständlicher stellt sich die buddhistische Philosophie heraus. Selbst wenn die Philosophie, über die ich hier schreibe, dem vorherigen Standpunkt entgegengesetzt scheint, verlieren Sie bitte auf keinen Fall aus den Augen, worum es hier überhaupt geht – nämlich die Welt ohne Erwartungen zu betrachten, aus einer anderen Perspektive, und dass wir uns überraschen lassen. Zum Beispiel könnten wir unsere verhedderten Schnürsenkel als nerviges Problem empfinden, aber für einen Inka mag es sich dabei auch um ein wunderschönes, in Quipu verfasstes Gedicht handeln. Oder um einen Baum! Kann man wirklich mit absoluter Überzeugung behaupten, dass das, was man da sieht, ein Baum ist? »Ich sitze mit einem Philosophen im Garten; er sagt zu wiederholten Malen: ›Ich weiß, dass das ein Baum ist‹, wobei er auf einen Baum in unserer Nähe zeigt. Ein Dritter kommt daher und hört das, und ich sage ihm: ›Dieser Mensch ist nicht verrückt: Wir philosophieren nur‹.«[4]

*

Ich möchte all meinen Freunden danken (zu viele, die hier aufgeführt werden müssten ohne dabei das Risiko einzugehen, jemanden auszulassen), die das Buch oder Teile davon gelesen haben und mir ihre Anmerkungen zur Verfügung gestellt haben. Ich danke meinem Lehrer in gewohnter Weise – für alles.

Buddhistisches Retreat-Zentrum
Kuchary, Polen im Mai 2010

---

[4] Ludwig Wittgenstein: *Über Gewissheit*, hg. v. G. E. M. Anscombe und G. H. von Wright, Werksausgabe Band 8, Frankfurt 71997, S. 467.

1.

Wie man mit Strümpfen und Strumpfbändern hantiert

Die Methode der buddhistischen Philosophie

Wenn Hindernisse von Körper und Geist sich an Ort und Stelle von selbst auflösen ...[5]

13. Karmapa Düdül Dorje

---

[5] Zitate am Kapitelanfang wurden vom Autor übersetzt.

Probleme philosophischer Natur und andere Probleme tauchen im Gegensatz zu Wittgensteins Behauptung nicht dann auf, wenn die Sprache *feiert*, sondern vielmehr, wenn der Geist Urlaub für überflüssig hält. Der Geist lässt die Arbeit niemals ruhen, auch wenn er durch seinen unablässigen Gedankenstrom schon völlig ausgelaugt ist. Er benimmt sich wie ein typischer Workaholic, der gewollt oder ungewollt Arbeit für das beste – und auch einzig mögliche – Mittel zur Entspannung hält. Jene Anstrengung des Geistes, die um ein Problem zu erschaffen, vonnöten gewesen war, erfordert noch mehr Mühe bei dessen Lösung. Der unerleuchtete Geist kann nicht zur Ruhe kommen, geschweige denn Urlaub machen, zumal er Komplikationen für wichtiger als Einfachheit erachtet, wenngleich es eigentlich überhaupt nichts gibt, das befreiender als das Einfache ist. Die Lösung des Problems merkt man am Verschwinden des Problems – so bringt es Wittgenstein recht überzeugend zum Ausdruck. Der leichteste und letztendlich beste Weg, sich eines Problems zu entledigen, besteht einfach darin, es über Bord zu werfen. Übrigens, »Problem« ist ein Begriff, der das Werfen schon in sich trägt: *pro* steht für »vor« und *ballein* ist griechisch für »werfen«. Wir sollten aber achtgeben, uns

Wie man mit Strümpfen und Strumpfbändern hantiert

das Problem nicht auf die Füße fallen zu lassen. Stattdessen sollten wir versuchen, es weit von uns weg zu katapultieren und damit aufhören, uns über das Problem und dessen Lösung Gedanken zu machen – das ist der einfachste Weg, um Energie und Zeit zu sparen. Die bloße Tatsache schon, dass ein Problem sich als Problem darstellt, legt dessen Impertinenz offen, die nicht toleriert werden darf. Was noch schlimmer ist oder eigentlich besser: Ein Problem kann in Wirklichkeit gar kein Problem sein, bloß weil es problematisch zu sein scheint – denn es ist, wo auch immer wir es vermuten, gar nicht auffindbar. Ziehen wir hierzu mal ein Beispiel heran, idealerweise eines aus dem Leben, denn jedes Leben fördert auch eine gewisse Philosophie zutage. Wie wäre es mit Immanuel Kant – dem Autor der großartigen transzendentalen Philosophie?

> »Im heißen Sommer ging er leicht gekleidet, stets in seidenen Strümpfen, die er nie aufband, sondern durch eine eigene künstliche Vorrichtung in gehöriger Lage zu erhalten suchte. In einer, einem Taschenuhrgehäuse ähnlichen, jedoch kleineren Kapsel war in einem Federgehäuse, um welches sich eine Darmsaite wie die Kette in der Uhr wand, eine Uhrfeder angebracht, deren ziehende Kraft durch ein Gesperr vermehrt oder vermindert werden konnte. An beiden Enden der doppelten Saite waren zwei Häkchen, die auf beiden Seiten jedes Strumpfes eingehakt wurden. Zu den Kapseln selbst waren neben der Uhrtasche dieser ähnliche kleinere Taschen angebracht, die unten eine kleine Öffnung hatten, durch welche die Saiten mit den daran befindlichen Häkchen gingen.

Die Methode der buddhistischen Philosophie

> Wäre diese Einrichtung nicht so originell und deutete sie nicht zugleich auf Kants Ordnungsliebe und die von ihm im Auge gehabte Gesundheitsregel hin, den Umlauf des Blutes durch festgezogene Bänder nicht hemmen zu wollen, so verdiente sie kaum einer Erwähnung. Für Kant waren diese elastischen Strumpfbänder ein solches Bedürfnis, daß die Unordnung, in welche sie bisweilen gerieten, ihn in Verlegenheit setzte, der ich zum Glück sehr leicht abhalf.«[6]

Ausgeglichenheit – was könnte für einen Philosophen erstrebenswerter sein? Und natürlich auch für jede gewöhnliche Person. Was könnte erstrebenswerter für einen Buddhisten sein als das Nirwana, das manchmal als Ruhe beschrieben wird? Und wie wenig braucht es bloß, um diese wieder zu verlieren! Ein Paar Strümpfe zum Beispiel – wie unbequem sie doch zu tragen sind. Die Lektüre dieser Passage über Kant ließ mich eine spirituelle Verbundenheit mit dem Philosophen spüren, zumal auch ich einst mit einem ernsthaften Problem dieser Art im Kindergarten zu kämpfen hatte. Gibt es in dieser Welt irgendetwas weniger Mannhaftes für einen jungen Kerl von vier Jahren als Strumpfhosen, die ihn schlichtweg seiner Männlichkeit berauben? Traurig aber wahr – unsere Eltern und Erzieher arbeiteten unwissentlich Schulter an Schulter daran, die Persönlichkeit des

---

6   Ehregott Andreas Christoph Wasianski: Kant in seinen letzten Lebensjahren. In: Hermann Schwarz (Hg.): *Immanuel Kant. Ein Lebensbild nach Darstellungen der Zeitgenossen Borowski, Jachmann, Wasianski.* Halle 1907, S. 271.

jungen Mannes zu verbiegen, der sich in seinem Herzen doch eigentlich wie Spiderman oder Batman fühlte. Diese arme heldenhafte Seele, in einem kleinen Körper gefangen und in Strumpfhosen gequetscht! Ich bin mir sicher, dass jeder Mann aus meiner Generation sich an diesen Kampf um Würde, gegen demütigende, mädchenhafte Kleidungsstücke erinnert. Spuren dieses Kampfes können noch deutlich auf einigen Kindergartenfotos von damals ausgemacht werden: all diese ernsten Gesichter, die unter den Cowboyhüten hervorschauen, die wilden Blicke der Apachen-Krieger mit gefiedertem Kopfschmuck, aber von der Taille an nach unten ... Strumpfhosen.

Folglich haben wir mit den großen Philosophen etwas gemein: Wir versuchen unseren Problemen, selbst den trivialsten, und wie widerlich auch immer sie sich darstellen mögen, entgegenzutreten. Aber – warum müssen wir uns überhaupt mit Problemen auseinandersetzen und vor allem: Wie kommt es eigentlich dazu, dass sich unsere Wege kreuzen? Lasst uns, bevor wir versuchen, Antworten auf diese Fragen zu finden, ergründen, was ein Problem als solches sei. Obwohl das Wort »Problem« im Singular steht, ist es alles andere als einfach, dessen singuläres Äquivalent dort draußen in der Welt zu finden. Kants Problem bestand weder im Strumpfhalter noch gar im Strumpf, sondern in den zahlreichen Faktoren, die es ausmachten. Zuerst die perverse Mode seiner Zeit, die vorschrieb, dass Männer Kniestrümpfe tragen müssten

Die Methode der buddhistischen Philosophie

(wie konnten ihre Psychen das aushalten?!), zweitens das Paar Strümpfe selbst, drittens dieselbe Anzahl von Strumpfhaltern, viertens Kants Beine – was manche erstaunen mag – auch zwei an der Zahl und letztendlich des alten Mannes Hypochondrie. Würde lediglich eine dieser Bedingungen fehlen, hätten wir schon ein Problem auf der Suche nach dem Problem.

Ein buddhistischer Philosoph würde es wie folgt ausdrücken: Ein Problem erscheint in wechselseitiger Abhängigkeit dann, wenn ein paar Bedingungen zusammenkommen und irrtümlicherweise als Einheit verstanden werden. Zuerst einmal existiert ein Problem jedoch schon gar nicht als ein individuelles Ding, und zweitens reicht es aus, auch nur eine dieser Bedingungen zu entfernen, und schon ist das Problem verschwunden. Aber welche Bedingung wäre als erste an der Reihe zu gehen? Nun, mit der Werbung zu konkurrieren, indem man Hosen als die wahren Männerklamotten anpreist, wird sich nicht als Erfolg herausstellen, weil Strümpfe bereits zur damaligen Zeit auf dieselbe Weise beworben wurden, und abgesehen davon – wer würde schon gern darin involviert sein, eine dermaßen lächerliche Sache wie die Mode zu bewerben? Auf der anderen Seite schiene doch wohl auch die Amputation der Beine ein wenig invasiv, wir würden gleichsam Kant mit dem Bade ausschütten. Die Konfiszierung seiner Bekleidung, also der Strumpfbänder und Strümpfe, stünde ebenfalls außer Frage, besonders im Falle eines alten Hypochonders, der aufgrund der unfreiwilligen Enthüllung nicht nur moralische Verluste erleiden würde, sondern sich dabei auch noch eine Erkältung einfangen könnte, die dann hohes Fieber hervorrufen würde und als nächstes Pneumonie. Dann, nachdem er zum Aderlass Blutegeln ausgesetzt worden wäre, könnte er sich eine Hepatitis B zugezogen haben, die zur Zirrhose oder gar unheilbarem Leberkrebs führte, um schließlich in langwierigem Todeskampf an Abmagerung zu verenden. Die einzig wirkliche Lösung bestünde darin, die Hypochondrie aus seinem Kopf zu entfernen: weil das Problem genau dort verortet ist.

Es gab kein Problem zwischen dem Strumpfhalter, dem Kniestrumpf und Kants Bein, obschon der Autor der transzendentalen Philosophie es dort sah. Das Problem war nur eine vorgestellte, geistig fabrizierte Zugabe zur Realität, die nichts mit der Realität an sich zu tun hatte, da sie direkt von seiner Hypochondrie herrührte. Das Problem bestand nur in der Beurteilung der Situation, die sich im Kopf des Beurteilenden abspielte. Diese Beurteilung wird später selbst als Realität wahrgenommen, zudem wir offensichtlich die einzigen sind, die die Situation genau überblicken. Auf diese Weise wird Beurteilung zur Projektion und ersetzt unsere reale Welt. Eine Schlacht beginnt, in der wir mit unseren Meinungen und Konzepten in Bezug auf die Welt gegen die Welt kämpfen. Es ist daher nicht verwunderlich, dass die daraus folgenden Resultate ziemlich komisch und pathetisch anmuten; indem wir von innen heraus nichts als unsere Konzepte, Meinungen und Projektionen erspähen, manipulieren wir ständig die Realität und rufen dabei die erstaunlichsten Resultate hervor – anstatt unseren angestrengten Händen Aufmerksamkeit zu schenken, haben wir nur in den eigenen Kopf geschaut. Irgendwann schlittern wir schließlich, mit einem uhrenähnlichen Sockenhalter bewaffnet, in einen sogenannten ordentlichen Lebensweg hinein, was auf lange Sicht dann auch wieder unbequem wird, und somit ist das Problem noch immer nicht gelöst.

Kants Behelf war eine zweiachsige Erfindung. Einerseits bestätigte der tägliche Gebrauch dieses außergewöhnlich durchdachten Apparates den Philosophen in seiner Meinung und legitimierte somit die hypochondrische Lösung für das hypochondrische Problem, das nur von einem Hypochonder kreiert werden konnte, der sich auch wirklich sicher war, mit seinem Gebrechen leben zu können. Pah! Erst im Nachhinein bestätigte die Perfektion und Kunstfertigkeit der Problemlösung ihre Bedeutung, was zu Recht niemals unterschätzt worden ist. Andererseits entpuppte sich die Lösung selbst als ein weiteres Problem, weil der Mechanismus ständig dazu neigte, kaputt zu gehen, sodass auch die Lösung dann wieder gelöst werden musste. Die Strümpfe und Strumpfhalter waren nicht mehr der einzige Grund zur Sorge, nun gab es auch noch diesen uhrenähnlichen Apparat, um den es sich zu kümmern galt, und wenn es nicht an Kants wohlwollendem Freund gewesen wäre, diese philosophische Erfindung zu reparieren, hätte die Situation erfordert, noch einen weiteren Apparat zu erfinden, mit dem das Gerät zum Hochhalten der Strümpfe repariert werden könnte. Ein Problem wurde durch ein anderes ersetzt und so zur Lösung. In der Tat handelte es sich noch immer um dasselbe Problem, nur eben beiseitegelegt: Die von den Sockenhaltern verängstigten Beine lugten noch immer hinter dem Apparat hervor. Die Einschätzung der Situation blieb hypochondrisch, weil sich kaum etwas verändert hatte, denn die Sockenhalter, selbst wenn sie in der Garderobe eingeschlossen waren, schossen gelegentlich wie Abgottschlangen aus einem Käfig hervor, die sich bei der nächsten Gelegenheit um ihr unschuldiges Hypochonder-Opfer schlingen würden – in vollem Bewusstsein darüber, dass ihm nicht zu trauen wäre. Probleme sind es aus diesem Grund definitiv nicht wert, gelöst zu werden, weil das nur zu weiteren Komplikationen führt, die in Zukunft noch komplizierter werden könnten. Das bezieht sich nicht nur auf die Philosophie, sondern auch auf das alltägliche Leben. Und so gesehen lässt sich sagen, dass gar kein großer Unterschied zwischen einer Alltagsproblematik und einem rein philosophischen Problem besteht, obschon augenscheinlich die Absurdität der überkomplizierten Alltagsangelegenheiten noch deutlicher ins Auge stechen mag als in der

Die Methode der buddhistischen Philosophie

Philosophie, weil letztere doch zu abstrakt ist, um hinreichend verlacht werden zu können. Das Leben ist einfach viel zugänglicher und darum leichter nachzuvollziehen.

Deswegen erfordert eine Problemlösung bloß, dass wir sie nicht lösen – so weit so gut. Aber wie sollen wir das nur anstellen? Es reicht aus zu erkennen, dass es so ein Ding wie ein Problem gar nicht gibt. Wenn Kant die Möglichkeit gehabt hätte, Fashion TV zu schauen, hätte er mit bloßem Auge sehen können, dass Beine in Strumpfbändern eigentlich gut zurechtkommen (ich hatte zuvor gesagt, dass Mode lächerlich sei, und habe meine Meinung diesbezüglich auch nicht geändert, aber es gibt da eine Ausnahme: Fashion Shows für Unterbekleidung). Er hätte möglicherweise auch eine andere, einfachere und auch geniale Erfindung, namentlich einen Hüftgürtel, entdeckt haben können. Obschon ich nicht denke, dass die Mode seiner Zeit sich soweit hinausgewagt hätte. Alldieweil genügt es zu erkennen, dass dort, wo wir ein Problem wahrnehmen wollen, also dort, wo sich Beine, Strumpfbänder und Strümpfe treffen, gar kein Problem existiert. Es handelt sich hierbei um nichts als eine wertlose Einheit, die aufaddiert wird. Und nach der Addition wird natürlich auch noch die Mehrwertsteuer draufzuzahlen sein. Kant schlitterte zwischen Strumpfhaltern und Schenkeln in seine eigene Beurteilung der Situation hinein – er fügte ein unnötiges Element hinzu, und genau dieses Urteil erlangte unmittelbar eine größere Bedeutung als die Situation selbst, sogar bis zu dem Punkt, dass es selbst zur Situation wurde. Kant hatte kein Problem, und das war sein Problem, wenn dieser Begriff hier überhaupt noch angewendet werden kann. Wenn wir erst einmal glauben, dass wir Probleme haben, werden wir am Ende sogar wirklich welche haben. Das Denken kommt den Problemen zuvor (notwendigerweise) und nicht andersherum – so als würde uns etwa ein Problem anspringen und dadurch veranlassen, über das Problem und die Situation zu sinnieren. Probleme sind im Grunde genommen nichts als falsche Beurteilungen von Situationen – konstruiert und als Situation selbst missverstanden.

»Wenn Hindernisse von Körper und Geist sich an Ort und Stelle von selbst auflösen ...«, sagt der 13. Karmapa. Das war's! Wir müssen einfach den Mechanismus durchschauen, der unsere Erfahrungen sowohl beurteilt als auch etikettiert, und die Probleme werden sich von selbst auflösen, eben weil sie ursprünglich niemals wirklich existiert haben. Probleme sind unechter Müll, mentaler Abfall. Darum ist jeder Versuch, ein Problem zu lösen, so sinnlos wie den Abfall zu polieren, bevor er weggeworfen wird – warum sollten wir etwas auf Hochglanz bringen, das unnütz ist und ohnehin dazu bestimmt, im Mülleimer zu landen? Warum Probleme lösen, die doch einfach entsorgt werden könnten? Der Ausdruck »sich an Ort und Stelle von selbst« aus dem obigen Zitat steht für *rang sar* auf Tibetisch, was sich wortwörtlich wie folgt übersetzen lässt: »an ihrem eigenen Ort«. Probleme sollten genau da belassen werden, wo sie versuchen zu entstehen, also dort, wo sie auftauchen – zumal sie eigentlich nur auftreten, um zu erscheinen – das ist im Grunde genommen schon alles, was sie benötigen, um gelöst zu werden. Der ungeduldige Kant sauste mit seinem mentalen Problem in sein Seminar und entwickelte einen sehr anspruchsvollen Apparat, der letztendlich völlig überflüssig war. Das Einzige, das wirklich erforderlich gewesen wäre, um die Strümpfe mit dem Strumpfhalter an seinem Bein hochzuhalten, war ein wenig länger auszuharren, als der Geist normalerweise braucht, um ein Etikett an die Situation zu kleben. Dann, nach einem Moment des Verwehrens von voreiligen Urteilen, des Nicht-Ernstnehmens von im Vorfeld gefällten Urteilen, stellt sich heraus, dass dort einfach kein Problem existiert. Dieser bedeutende Ort, an dem wir unser Problem belassen hatten, ist nun leer, vom Problem bereinigt, welches sich soeben aufgelöst hat (darum habe ich das Wort *dag* aus dem Zitat des 13. Karmapa, das im Tibetischen für »Reinigung« steht, mit »Auflösung« übersetzt). Das Problem ist nicht da – *rang sar* – an Ort und Stelle.

»So einfach ist das nicht«, könnten wir nun vermuten, »Probleme kann man nicht einfach so überwinden und fallen lassen.« Und schon haben wir ein weiteres

Problem geschaffen, nämlich das Problem, sie loszulassen.

Wir haben das Problem fast gar nicht berührt, kaum einen Gedanken dafür erübrigt, und just haben wir ein weiteres Problem (es gibt nichts Ärgeres als Probleme zu horten). Man könnte es als ein Meta-Problem bezeichnen, namentlich *problema di tutti i problemi*. Genau dieses Prinzip ist es, das uns so ausdauernd daran festklammern lässt, sodass wir am Ende womöglich einen ganzen Problemzirkus betreiben. Das kann leicht passieren, weil sich Probleme unter häuslichen Bedingungen auch prächtig vermehren. Alles was sie zum Wachstum und zur Fortpflanzung benötigen, ist ein wenig Aufmerksamkeit und eine Handvoll Gedanken, um sie zu füttern. Wenn wir also zum Beispiel davon ausgehen, dass es nicht so leicht ist, Probleme loszulassen, werden wir sie dementsprechend auch nicht gleich abschütteln können – Probleme lassen sich nicht einfach so abwimmeln! Und schon bleiben sie auf uns sitzen.

Weil sich das Ganze dermaßen schwierig gestaltet, hat die buddhistische Philosophie eine Methode entwickelt, die als der Mittlere Weg bezeichnet wird. Im *Ratnakūṭasūtra* sagt Buddha, die Methode besteht in der exakten Untersuchung eines jeden einzelnen Phänomens für sich. Das mag nicht allzu inspirierend erscheinen, aber der eigentliche Knackpunkt liegt in dem Wort »exakt«. Die meisten unserer Probleme, sowie unsere Beziehung zur Welt, werden – laut der buddhistischen Philosophie – durch ein fehlerhaftes Verständnis von der Realität hervorgerufen. Wir erliegen viel zu eilig der Vermutung, die Welt sei real, was uns augenblicklich mit Tonnen von realen Problemen überschüttet, sowohl alltäglichen als auch philosophischen. Es ist wie bei der Betrachtung von Arcimboldos Porträtmalerei. Was wir aus einiger Entfernung noch deutlich als ein Gesicht wahrnehmen, entpuppt sich nach ein paar Schritten darauf zu als ein bloßer Haufen Gemüse, und wir entdecken Lebensmittel, die in trügerischer Weise eine düstere Physiognomie fingieren. Wenn wir uns annähern, will heißen, wenn wir beginnen, die Realität gründlich zu untersuchen, wird deutlich, dass sie nicht wirklich unseren Erwartungen entspricht. Bis wir überhaupt erstmal zu dem Punkt kommen, lässt sich eine Ewigkeit damit verbringen, darüber nachzudenken, wie hässlich die Person auf dem Bild ist, was für einen offensichtlich lasterhaften Charakter der Mann wohl haben muss und was wir ihm vielleicht alles noch sagen werden, bevor wir uns schließlich in ein Handgemenge verwickeln. Allerdings ist das alles ja völlig sinnlos, zumal der Haufen Gemüse uns nicht antworten wird; der Mann, der unsere Aufmerksamkeit auf sich gezogen hat, der unwiderstehlich unseren Geist in seinen Bann gezogen, zu planerischen Aktivitäten und emotionaler Entrüstung verleitet hat, existiert nicht. Wären wir der Malerei von vornherein entgegengekommen, wäre unser Geist nicht in diesen ganzen Gedankenfluss verwickelt worden, der einer fehlerhaften Interpretation der Realität entsprungen war. Wir beurteilen andere, die Welt und auch uns selbst relativ oberflächlich, was dann in der Tat zu echten und für gewöhnlich ziemlich erbärmlichen Resultaten führt, weil die Realität und unsere Urteile eigentlich nur wenig oder gar nichts miteinander zu tun haben. Indem wir unseren Emotionen entsprechend handeln, basteln wir an der Realität herum – kein Wunder, dass dabei etwas schiefgeht. Auch wenn wir uns große Mühe geben, kommt immer dasselbe dabei heraus, weil wir ständig von unseren eigenen Beurteilungen ausgehen, von unserer eigenen Sichtweise, anstatt uns auf die Realität selbst zu beziehen; wir stolpern in ihr blindlings umher – mit Scheuklappen aus Konzepten und Urteilen vor den Augen.

Wenn wir infolgedessen annehmen, die Welt sei so, wie sie uns erscheint, also real – dann beginnen wir (in ihr) nach etwas zu suchen, das ihre Wirklichkeit garantiert, etwas Unveränderliches, ungeachtet unserer leisen Ahnung von der ständigen Wandelbarkeit und Vergänglichkeit all dessen, was wir erleben. Wir versuchen etwas Unzerstörbares und Dauerhaftes in den Dingen zu entdecken, und das bringt wiederum ein paar Probleme zum Vorschein, über die man in philosophischen Debatten diskutieren könnte. Zum Beispiel: Worin besteht die Essenz eines Tisches – in seiner Möbelheit oder vielleicht in seiner Tischheit? Wenn Gegenstände ihre »heit« haben, was geschieht

Die Methode der buddhistischen Philosophie

mit ihr dann, wenn sie kaputt gehen; wo sollten wir eigentlich nach ihrem realsten und unzerstörbarsten Bestandteil suchen? Auf diese Weise verwandelt sich etwas, das um unserer Wahrnehmung zu entsprechen erschaffen wurde, etwas, das ihr schlichtweg angedichtet wurde, zum Schwerpunkt der Philosophie – welche indes ihrerseits für sich beansprucht, die Welt zu erklären und eben nicht bloß ihre eigenen Beimengungen.

Als Folge davon wartete die Philosophie während der letzten 2 500 Jahre mit einer langen Liste von Problemen auf, die noch immer einer Lösung harren, sowohl im Osten als auch im Westen. Es ist ein offenes Geheimnis, dass es keine einzige Lösung gibt, mit der alle Philosophen einverstanden wären. Diese schändliche Situation hat verschiedene Reaktionen provoziert.

Die erste ist die zunehmende Dogmatisierung und Verknöcherung von Systemen, welche die Situation hartnäckig ignorieren und – abgesehen von der Kritik oder auch im Anschluss an ihre eigene Bemängelung der Kritik – sich an ihren eigenen Schlussfolgerungen festklammern, die jedoch, natürlich, nur für deren eigene Autoren offensichtlich sind. Dann aber entspricht die Nützlichkeit solcher Lösungen Lichtenbergs Definition: »Diese ganze Lehre taugt zu nichts als darüber zu disputieren.«

Die zweite Reaktion, die besonders im 20. Jahrhundert große Popularität erlangte, sucht im Anschluss an viele Jahrhunderte erfolgloser Bemühungen, die entstandenen Probleme zu lösen, ihre Anhänger davon zu überzeugen, dass die Hauptaufgabe der Philosophie darin bestünde, Probleme zu formulieren oder Fragen zu stellen, gleichgültig ob sie beantwortet werden können oder nicht. (Seltsamerweise – darauf hat mich einer meiner Freunde hingewiesen – beinhalten die Bücher, die von den Befürwortern dieser These geschrieben worden sind, nicht nur Fragen.) So wird Ohnmacht zu einer Eigenschaft, für die wir uns nicht mehr zu schämen brauchen. Im Gegenteil, nun können wir stolz darauf sein. Aber die europäische Philosophie ist noch weiter gegangen. Fragen zu stellen war nun nicht mehr die einzige Aufgabe. Die bloße Möglichkeit, zu gewährleisten, dass wir überhaupt in der Lage sind, eine Frage zu stellen, wurde genauso wichtig – und eben dies gelang einem der deutschen Philosophen.

Die dritte Reaktion wird im Westen bis zu einem gewissen Grad durch den Skeptizismus repräsentiert – sowohl von Wittgenstein als auch von Heraklit, der angesichts der allgegenwärtigen Vergänglichkeit aller Dinge davon überzeugt war, dass es zwecklos sei, der Realität auch nur irgendetwas kategorisch zu unterstellen. Im Osten dagegen scheint die buddhistische Philosophie dieser Position zu ähneln. Sie geht mit Problemen ziemlich respektlos um, indem sie jene schon vor ihrem Lösungsansatz abserviert. Es war Nagarjuna, der nach den Belehrungen Buddhas

Die Methode der buddhistischen Philosophie

jene Methode, die sich Schule des Mittleren Weges nennt, populär gemacht hat. Er selbst wollte damals überhaupt keinen philosophischen Standpunkt einnehmen, aber er hinterfragte eifrig die Positionen der anderen Philosophen. Auch wenn dies wie philosophische Sabotage oder gar Böswilligkeit anmuten mochte, bestand seine aufrichtige Absicht darin, den Geist der Menschen vom unnötigen Ballast der Illusionen zu befreien, die sie entweder für schwerwiegende philosophische Probleme oder gar für adäquate Vorstellungen von der Realität hielten. Chandrakirti, der Nagarjunas bedeutendster Kommentator war, sagte einst, dass es für ihn nur bis zu dem Punkt Sinn machen würde, zu debattieren, bis er seine Opponenten dazu gebracht hätte, ihre jeweiligen Standpunkte aufzugeben. Jedoch nicht etwa, um die fallengelassenen Überzeugungen im Anschluss durch geeignetere zu ersetzen – zumal solche Überzeugungen gar nicht existieren –, sondern vielmehr, um den Geist von dem starren und steifen Korsett der Konzepte zu befreien. Dieses ist ohnehin zu eng, um die Realität dort hineinzuzwängen. Realität ist viel ausufernder und vielfältiger als jede mögliche Vorstellung von ihr, die in der Philosophie oder auch im Alltag von uns fabriziert werden könnte. Jedes Abbild ist grundsätzlich falsch, weil unsere limitierten Vorstellungen nicht das gesamte Potenzial ihrer Vielfältigkeit umfassen können – und deswegen lässt sie niemals ab, uns mit ihren unglaublichen Szenarien in Atem zu halten.

Was ist dann aber die Realität, wenn sie nicht das ist, als was sie erscheint? Ist sie etwas anderes? Buddha sagt, dass Realität weder ist, was sie zu sein scheint, noch ist sie etwas anderes. Sie ist einfach, wie sie ist, und obwohl das vorerst ein wenig trivial klingen mag, sehen wir sie tatsächlich nicht einfach bloß, wie sie ist, denn wir etikettieren sie ohne Unterlass mit unseren Meinungen und Vorstellungen, von denen die Realität selbst jedoch nicht den geringsten Schimmer hat.

Unsere Vorstellung von der Realität verdeckt exakt das, was in unserer Vorstellung erfasst werden sollte. Statt der Realität an sich selbst verfügen wir nur über die Vorstellung derselben, weswegen wir unfähig sind, sie als das zu erkennen, was die Tibeter *deshinnyi*[7] nennen. Dieser philosophische Begriff lässt sich nicht so einfach übersetzen: *deshin* bedeutet »einfach wie das«, und *nyi* ist das nominalisierende Suffix »heit«. Realität ist einfach, wie sie ist und nicht, wie wir sie uns vorstellen oder annehmen, dass sie sei. Sie ist schlichtweg jene, die sie ist, in all ihrer Einfach-Wie-Dasheit, oder Soheit, und nichts mehr als eben das, obwohl wir sie üblicherweise für mehr oder weniger halten. Die Tibeter verwenden noch ein anderes Wort – *dekhonanyi*[8], das sich ebenso knifflig übersetzen lässt wie das vorherige: *de* ist das Pronomen »es«, *khona* bedeutet »das und nur«, und *nyi* nominalisiert.

---

7 *de bzhin nyid*
8 *de kho na nyid*

Die Methode der buddhistischen Philosophie

Folglich »Nur-Dasheit«, oder einfach »Esheit«, wobei es sich hier um eine Entsprechung der tibetischen Abkürzung des Begriffs *denyi* handeln würde.

Was auch immer wir kategorisch in Bezug auf die Realität behaupten, muss notwendig falsch sein, weil es sich nur um eine Ergänzung oder Verfälschung der Einfach-Wie-Dasheit, der Soheit, handelt, von der wir nicht mehr sagen können als: Es ist, wie es ist. Nagarjuna bezog niemals Position, was ihn, wie er versicherte, fehlerfrei werden ließ. Er war frei von Konzepten, Vorurteilen, philosophischen Theorien und alltäglichen Erwartungen, die ein ganzes Spektrum von Problemen generieren, er konnte die Realität in ihrer Einfach-Wie-Dasheit, als Soheit, wahrnehmen, indem er jedwede Benennung, Theorie, jedes Urteil und jede Erwartung überschritt, die aus ihr hervorging. *Omnis determinatio est negatio*, darum macht es keinen Sinn, die Realität samt ihrem unermesslichen Überfluss zu negieren, indem wir sie in irgendeine Idee oder Begrifflichkeit, die wir in Bezug auf sie erdenken könnten, einfassen – aus dem einfachen Grund, dass Ideen viel mehr mit ihren Autoren zu tun haben als mit ihren Referenzobjekten. Philosophische Probleme sind nicht die Probleme der Realität, sondern die der Philosophen, was deutlich macht, warum sie so schwer zu lösen sind; sie entsprechen einfach nicht der Realität und genau das macht sie zu Problemen. Warum schaffen wir sie nicht einfach ab, ganz ohne förmliche Versuche, sie zu lösen, sobald wir feststellen, dass sie schlecht ausgearbeitet und realitätsfern sind. Probleme einfach fallen zu lassen, bevor sie gelöst worden sind, das schreit nach einem philosophischen Skandal – aber schließlich müssen wir doch zugeben, dass Skandale für gewöhnlich unser Interesse entfachen.

Ein Heilmittel gegen die Überproduktion von zu Problemen führenden Konzepten und Urteilen in Bezug auf die Realität ist laut buddhistischer Philosophie die Methode des Mittleren Weges, welche die Unangemessenheit und widersprüchliche Natur unserer Konzepte und dessen, das daraus folgt, aufzeigt. Sie befähigt uns die Realität so zu sehen, wie sie ist, ohne durch die Brille eben jener Konzepte zu schauen. Und Realität ist nun mal »leer«, vor allem ist sie frei von unseren Konzepten und Vorstellungen. Wenn wir die Leerheit der Realität begreifen, löst sich jedes mögliche Problem durch sich selbst auf, weil es keinen Anker mehr hat, um an Ort und Stelle zu verweilen. Genau das ist der Moment, an dem sich das Freisein von Problemen in die Freiheit verwandelt, einfach und vollkommen uneingeschränkt glücklich zu sein. Also lasst uns jetzt, bevor wir, was in unserem Kulturkreis häufiger vorkommt, irgendwelche negativen Assoziationen mit dem Wort »Leerheit« aufkommen lassen, ein bisschen mit der Leerheit der folgenden Kapitel spielen – mit oder ohne Strümpfe.

2.

Wie man Möbel zertrümmern und dabei gerade noch mal so mit einem blauen Auge davonkommen kann

Ein Wort zur Leerheit des Objekts

> *Äußere Phänomene wie Form etc.*
> *sind leer von ihrer eigenen Natur.*
> *Zumal die Essenz dieser Form Leerheit ist,*
> *ist Form leer von der bloßen Natur der Form.*
>
> 8. Karmapa Mikyö Dorje

Ein wackeliger Tisch mit herausgerissenen Beinen ist schwerer zu begreifen, als man denkt. Was bleibt denn im Nachspiel einer mutwilligen Beschädigung, wie etwa einen Tisch seiner Beine zu berauben, davon noch übrig? Die Antwort scheint zunächst trivial: ein Tisch ohne Beine. Oder etwa nicht? Handelt es sich wirklich um einen Tisch ohne Beine oder bloß um eine Tischplatte? Richtig, wohl eher um eine Tischplatte als um irgendetwas anderes. Meine verehrten Leserinnen und Leser, hier durchleben wir gemeinsam unseren ersten schwierigen Moment. Zumal diese Offenbarung philosophischer Natur, die soeben zur Sprache kam, Sie vielleicht dazu veranlassen mag, Ihr Geld zurückzufordern oder gar, wenn Sie so richtig wütend sind, das Buch in die Ecke zu pfeffern. Dennoch werde ich Sie ganz unverfroren fragen: Wo ist denn der Tisch, nachdem wir ihm die Beine ausgerissen haben?

Richtig, also bevor wir ihn zerstört hatten, gab es einen Tisch mit Tischbeinen, und später dann entpuppte sich dieser angebliche Tisch als eine bloße Tischplatte. Bevor wir den Tisch seiner Tischbeine entledigten, hatten wir noch einen Tisch mit Tischplatte und ein paar Tischbeine. Nun haben wir nur noch eine Tischplatte ohne Tisch. Wo ist der Tisch nur hin? Vor einer Minute war er doch noch da, einen kurzen Augenblick, bevor wir unserem Unmut auf dieses Möbel freien Lauf gelassen hatten.

Also noch einmal von vorn. Was hatten wir am Anfang? Einen Tisch mit vier Tischbeinen und eine Tischplatte. Demzufolge also sechs Bestandteile: eine Tischplatte, vier Tischbeine und einen Tisch. Aber nachdem wir nun die Beine herausgerissen haben, lassen sich die Bestandteile nicht mehr richtig zusammen addieren. Wir haben nun vier aufgestapelte Tischbeine auf der einen Seite und eine Tischplatte auf der anderen, der Tisch selbst aber scheint zu fehlen. Es gibt da keine weitere Seite, an der sich der Tisch befinden würde.

Freilich war es überhaupt nicht unsere Absicht, den Tisch zu vernichten, wir wollten nur seine Beine abbrechen – aber nun ist er verschwunden. Hat er denn vorher wirklich existiert? Vielleicht sollten wir einfach nur präziser sein und sagen, dass wir lediglich die Beine von der Tischplatte abgerissen haben – was wäre das Problem? Das Problem besteht darin, dass die Tischbeine nicht Teil der Tischplatte sind, weswegen sie sich nicht aus ihr herausreißen lassen. Und wenn Sie damit jetzt nicht einverstanden sind, was wäre denn dann der Unterschied zwischen einer Tischplatte und der Oberseite eines Tisches ohne Beine? Wenn diese identisch sind, warum sollten wir dann von einer Tischoberseite ohne Beine sprechen, zumal diese ja definitionsgemäß keine Beine hat?

Ein Wort zur Leerheit des Objekts

Ein Tisch hat Tischbeine, aber eine Tischplatte hat keine – sie ist nur ein flaches Brett. Also wo zum Teufel ist nun dieser Tisch? Was wäre, wenn wir die Tischplatte vom Tisch entfernten? Dann bliebe doch ein Tisch ohne Tischplatte übrig, nicht wahr? Oder wenn wir nun noch ein bisschen weitergingen, indem wir den Tisch um die Tischplatte und seine Tischbeine erleichterten? Hätten wir dann nicht einen Tisch ganz so, wie er ist, einfach ohne Tischplatte und Beine?

»Das ist doch nur philosophisches Lamentieren, mehr nicht«, könnte man sagen. »Diese Philosophen können auch wirklich die einfachsten Sachen verkomplizieren! Hier ist ein Tisch! Genau hier, jedes Kind kann mit dem Finger darauf zeigen. Die ganze Philosophie ist doch der helle Wahnsinn. Ein Tisch ist ein Tisch und fertig!«

Wie auch immer. Wenn sie mich fragen, ist es gar nicht so leicht, mit dem Finger auf einen Tisch zu zeigen. Ich weiß, verehrte Leserinnen und Leser, wahrscheinlich habe ich Sie jetzt schon fast zur Weißglut getrieben, aber bitte, tun Sie mir doch den Gefallen, und berühren Sie den Tisch, auf dem Sie jetzt gerade lesen, mit Ihrem Finger (Wenn Sie gerade im Bett liegen, warum stehen Sie nicht einfach mal kurz auf und gehen zum Tisch. Wenn Sie vielleicht auf der Toilette lesen – ich will mir das kaum vorstellen – bleiben Sie auf jeden Fall sitzen). Berühren Sie ihn jetzt mit dem Finger? Ja? Also sagen Sie mir jetzt bitte, sind Sie sich sicher, dass es der Tisch selbst ist, den Sie berühren, oder schlüpft Ihr Finger etwa doch unter die Tischplatte? Oder ist er damit beschäftigt, das Tischbein zu umschmeicheln? Aber können Sie eigentlich das berühren, wozu die Tischbeine samt der Tischplatte gehören? Zeigen Sie mir *den Tisch*, der Tischbeine und eine Tischplatte hat und nicht nur, *was* er hat. Irgendwie zeigen wir kontinuierlich auf etwas, das zu diesem Tisch gehört, während sich der Tisch selbst in genau dem Moment, wo wir ihn mit unserem Finger berühren wollen, vor uns zu verbergen scheint. Unverschämterweise versteckt er sich hinter seinen Tischbeinen und der Tischplatte. Er ist da und eigentlich nicht da.

Wie wäre es aber, wenn das Problem viel weniger komplex ist: Nehmen wir einmal an, es gäbe nichts als eine Tischplatte und vier Beine. Genau das ist ein Tisch in Wirklichkeit. Das war's. Tisch bezieht sich einfach bloß auf diese fünf Komponenten (Tischplatte und vier Beine), die von so etwas wie ihrem »Besitzer« zusammengehalten werden. Das ist nur so eine Redewendung – ein Tisch hat vier Beine und eine Tischplatte, ohne dass man etwa noch irgendeinen anderen Teil, Nummer sechs, annehmen müsste. Wenn wir uns darauf irgendwie einigen, müssen wir sogleich zugeben, dass der Begriff »Tisch« nur das Produkt leichtfertigen und pragmatischen Denkens ist. Anstatt zu sagen: »Leg die 200 Blatt Papier und die zwei Stück Karton auf die Tischplatte und die vier

Ein Wort zur Leerheit des Objekts

Beine!«, sagen wir eher: »Leg das Buch auf den Tisch!« Aber dann ist es noch schwerer, diesen angeblichen Tisch zu finden, zumal sein Name doch, sehen Sie mir meine Verstiegenheit nach, keiner objektiven Einheit entspricht. Ein Begriff wird konsequent verwendet, um verschiedene Objekte (eine Tischplatte und vier Beine) zu beschreiben. Während wir ihn verwenden, denken wir nun nicht mehr an Vielheit, sondern an Einheit. Wir begeben uns also auf die Suche nach jener Essenz der Dinge, die all diese Komponenten miteinander vereinen würde. Wenn ein Tisch nur eine Tischplatte mit ein paar Beinen wäre, aber kein Tisch-Sein beinhalten würde, welches die Einzelteile zu einem Tisch macht, hätte der Begriff selbst, obschon im Singular, keinen singulären Referenten. Darum ist es nichts als Betrug, wenn man »ein Tisch« sagt. Im Alltag neigen wir jedoch dazu, dies häufig zu tun. Schließlich fangen wir an zu glauben, dass wir Tische sehen, wo gar keine existieren.

Eine Tischplatte und vier Beine geben vor, mehr zu sein, als sie eigentlich sind. Sie verhalten sich zwar, als wären sie so eine Art Tisch, aber das heißt noch lange nicht, dass wir an diesem Betrug teilhaben sollten, indem wir behaupten, dass wenn wir die Lautfolge des Wortes »Tisch« produzieren, sich diese auf etwas Reales beziehen würde. Selbstverständlich mögen wir solche Begriffe im Alltag dennoch verwenden, zumal ein Leben ohne sie kaum vorstellbar wäre. Der springende Punkt hierbei aber ist, dass wir uns nicht über

Dinge, die nicht existieren, aufzuregen brauchen. Es ist zwecklos, emotional zu werden, bloß weil wir einen Tisch erworben haben. Wir haben dafür bezahlt, die Quittung attestiert, dass es sich dabei um einen Tisch handelt, aber Hand aufs Herz – wir wurden getäuscht. Was wir tatsächlich gekauft haben, waren eine Tischplatte und vier Beine, die sich zwar wie ein Tisch verhalten, aber noch immer gibt es nirgendwo Anzeichen eines Tisches selbst. Eine Tischplatte und vier Tischbeine stehen, im wahrsten Sinne des Wortes, für einen Tisch. Aber sie sind kein Tisch. Wie jemand, der für den Direktor steht, nicht der Direktor ist. Eine Tischplatte und vier Beine sind nur ein Set von tischartigen Artikeln und sollten definitiv weniger als ein Tisch kosten. So wie auch schokoladenartige Produkte billiger sind als aus echter Schokolade gemachte. Das zeigt auch, warum es sich lohnt, ein Auto in Form von Ersatzteilen zu kaufen. Nachdem man es zusammengesetzt hat, fährt es und sieht auch genau wie ein richtiges Auto aus. Es ist aber viel billiger, weil wir nur die Einzelteile bezahlt haben, und es gibt auch keinen Grund, für irgendein zusätzliches *Auto* zu bezahlen, das nach erneuter Demontage ja ohnehin nicht auffindbar wäre.

Tischler würden sich mit Sicherheit auf die Seite der Tische stellen – obwohl eigentlich nicht ganz klar ist, warum sie für etwas, das gar nicht existiert, einstehen sollten – und entgegnen, dass mir dann anscheinend ein Aspekt entgangen ist: Was einen Tisch zum

Tisch macht, sind nicht nur seine Komponenten, sondern natürlich auch die Art und Weise, wie diese angeordnet sind. Nun gut, wenn dem so ist, was wird dann am Ende nach dem Entfernen der Beine noch übrigbleiben – die Tischplatte und die Anordnung der Platte und der Beine? Einige mögen jetzt sagen, dass es sich dabei aber um eine schreckliche Vereinfachung handeln würde, zumal das Arrangement doch etwas viel Abstrakteres sei. Unsere Augen nähmen nur Teile der Anordnung wahr, aber unser Geist begreife schließlich das Arrangement selbst. Das scheint zwar offensichtlich, aber wo verbirgt sich denn dieses »etwas viel Abstraktere«? Vielleicht irgendwo zwischen den Komponenten, indem es sie zusammenleimt? Oder etwa stückweise in den Einzelteilen selbst? Was bleibt denn dann noch übrig, um sämtliche Teile der Struktur miteinander zu verbinden? Was hält denn die Struktur mit ihren Einzelteilen zusammen? Eine Art Superstruktur? Diese von dem Objekt abstrahierte Anordnung existiert zwar definitiv in unseren Köpfen und ist dort auch leicht wahrnehmbar, aber das impliziert noch lange nicht, dass dieses Arrangement tatsächlich mit irgendeiner Entität korrespondieren würde.

Tatsächlich existieren zwar all diese Teile, aber wenn wir sie entfernen, wird dort eben keine Struktur oder Anordnung mehr übrigbleiben, auch wenn wir noch immer in der Lage wären, uns eine Struktur einzubilden. Die Tatsache, dass etwas bloß gedacht werden kann, offenbart zwar, dass sich darüber nachdenken lässt, jedoch nicht, dass es auch wirklich so ist, wie wir vermuten. Die Gesetzmäßigkeiten des Denkens entsprechen nicht notwendigerweise den Gesetzmäßigkeiten der Existenz, selbst wenn es manchmal so scheint. Wie viele Frauen dachten, ihre Männer wären treu? Doch dies zu vermuten war ...

Also wie war nochmal die Geschichte mit dem Tisch? Ist er denn nun von seinen Einzelteilen verschieden? Nicht wirklich, schließlich kann er doch nicht unabhängig von ihnen gefunden werden. Ist er mit ihnen identisch? Auch nicht so recht, zumal der Tisch nicht etwa nur teilweise in jedem seiner Beine vorhanden wäre. Befinden sich die Teile innerhalb des Tisches? Nein, weil was uns bei der Erfahrung begegnet, sind einzelne Teile, die jedoch nicht innerhalb irgendeines Rahmens existieren, der so gegeben wäre, wie die Teile selbst gegeben sind. Vielleicht besitzt der Tisch die Einzelteile? Keinesfalls, wir konnten ihn schließlich nirgendwo unter der Tischplatte entdecken. Ist der Tisch vielleicht die Summe seiner Einzelteile? Auch das nicht, er wird doch mehr als bloß die Summe seiner einzelnen Teile sein. Er ist auch nicht ihre Anordnung – können wir doch jene nicht unter ihnen finden. Wir sind mittlerweile bei den sogenannten »sieben Verneinungen« angelangt, dank derer die buddhistische Philosophie das Konzept von Dingen widerlegt, oder um es deutlicher zu sagen: die die Gegenständlichkeit der uns umgebenden

Ein Wort zur Leerheit des Objekts

Dinge vermindern, welche wir uns so schön als real und substanziell vorgestellt hatten. Letzten Endes sind die Dinge »leer«, das heißt leer von jedweder Essenz. Sie sind da, dennoch ist es so, als wären sie es nicht; sie sind da, zugleich aber der wichtigsten Komponente beraubt, jener Komponente, die ihnen ihre Dinghaftigkeit zusichern würde, die sich letztendlich als eine Annahme erweist. Genau das ist es, worauf die wohlbekannte buddhistische Formulierung »Form ist Leerheit« verweist. Unter »Form« verstehen wir jedwedes materielle Objekt (unabhängig davon, wie Materie definiert ist). »Leerheit« bedeutet sowohl im Sanskrit als auch auf Tibetisch »die Abwesenheit von Etwas in etwas Anderem«, aber bitte lasst uns immer im Auge behalten: Sie bedeutet nicht nichts. Leerheit ist nur die Abwesenheit der Essenz der Dinge innerhalb der Dinge selbst, die zwar bleiben, jedoch erheblich weniger real sind.

Ich muss zugeben, dass es sich hierbei, besonders wenn man eine ontologische Veranlagung hat, um eine ziemlich ernstzunehmende Abwesenheit handelt. Zumal ja schließlich die Essenz die Dinghaftigkeit der Dinge garantiert, aber der ganze Rest immer noch übrigbleibt, also all das, was wir ohnehin wahrnehmen. Wir können noch immer etwas essen und auf dem Tisch herumtanzen, trotz der Tatsache, dass ihm keine Essenz innewohnt, die auch dann nicht verloren ginge, wenn man ihm die Beine abnehmen würde, weil sie ja ohnehin schon von Anfang an niemals dagewesen war. Laut buddhistischer Philosophie sind die Dinge zwar leer, aber das reißt sie uns noch lange nicht aus den Händen. Sie sind noch immer Objekte unserer alltäglichen Erfahrung, aber eben weniger real, als wir vorher angenommen hatten. So einfach ist das. Wir neigen dazu anzunehmen, dass ein Tisch existiere, was in der philosophischen Sprache des Ostens »eine Essenz haben« bedeuten würde. Nun, aufgrund der Unmöglichkeit, eine solche Essenz zu lokalisieren, sind wir mit etwas konfrontiert, das lediglich ein Tisch zu sein *scheint* – ein Tisch, (welcher) leer (ist) von ... Tisch. Das Wort selbst bleibt unverändert, aber unsere Wahrnehmung hat tatsächlich einen Sprung gemacht. Wir haben etwas entdeckt, das wir vorher nicht wussten: Um Objekte wahrnehmen zu können, ist deren Essenz nicht vonnöten. Die Realität ist eben nicht so real, wie wir vorher noch angenommen hatten, und Dinge sind nicht dinglich, denn sie sind leer. Dies macht sie in strikt ontologischen Termini zu etwas, dass nicht wirklich dinglich ist. Ein Tisch ist lediglich das Resultat der Zusammenkunft einer Tischplatte mit vier Beinen. Auch wenn das Zusammenkommen einer Tischplatte mit vier Beinen nicht mehr als das Zusammenkommen einer Tischplatte mit vier Beinen ist, halten wir dieses fälschlicherweise für etwas anderes, für noch mehr, für einen Tisch als solchen, während es sich doch nur um unsere eigene Projektion bezüglich jener fünf Elemente handelt, die sich weder ihres

Ein Wort zur Leerheit des Objekts

Tisch-Seins bewusst sind noch der Tatsache, dass sie kein Tisch mehr sein werden, nachdem sie einmal demontiert worden sind.

Von nun an sollten wir kein Problem mehr damit haben, den Satz »Ein wackliger Tisch mit abgebrochenen Beinen« zu verstehen. Er ergibt nur Sinn, wenn es uns gelingt, den Tisch als leer von einem Tisch-Sein zu betrachten, denn selbst wenn wir annehmen, dass ein Tisch real sei und irgendwo inmitten seiner Teile existiere, werden wir noch immer nicht in der Lage sein zu erklären, wohin sich dieses Tisch-Sein begibt, nachdem die Tischbeine herausgebrochen wurden. Wenn wir, woher auch immer, von Anfang an wüssten, dass wir einen Tisch ohne Tisch haben, also nicht »einen« Tisch, sondern »Tisch« oder etwas, das so aussieht oder sich wie ein Tisch verhält – verwunderte es nicht, dass nach dem Herausbrechen der Beine kein Tisch mehr übrigbleibt! Alles klar? Und vor allem: Wir könnten jetzt einfach die Möbel zertrümmern und trotzdem ungestraft davonkommen! Welch freudenspendende Philosophie! Es wird uns nun doch keine Schwierigkeit mehr bereiten, dem Besitzer der soeben demolierten Möbel zu erklären, wie wir denn etwas zerstören hätten können, das niemals existierte. Wenn unser Tanz auf dem Tisch dessen kompletten Zusammenbruch verursacht, werden wir nach dieser Prozedur ganz bestimmt in der Lage sein, zwar atemlos, aber mit einem unschuldigen Lächeln zu fragen: »Was genau, wenn mir diese Frage erlaubt ist, wurde denn überhaupt zerstört?«

Wenn Sie damit nicht einverstanden sein sollten, warum nehmen wir dann nicht an, dass ein Tisch real ist und wirklich zu 100 Prozent existiert? Aber wie könnte man ihn dann je zerbrechen? Kann etwas, das wirklich existiert, aufhören zu existieren? Wie würde dieser Übergang vonstattengehen und wer würde ihn verursachen? Schon am Beginn der Ent-Tisch-ung ist ein Tisch kein Tisch mehr, zumal doch nur ein echter 100-Prozent-Tisch ein realer Tisch sein kann. Wie könnte er denn jemals Gegenstand eines Prozesses von Ent-Tisch-ung sein und doch noch bis zu seinem Ende dort verweilen? Wann hört ein Tisch auf, ein Tisch zu sein? Nachdem wir eines seiner Beine abgebrochen haben oder zwei oder drei, oder war das schon geschehen, als wir uns anschickten, das erste Bein abzubrechen? Und wenn er aufhörte zu sein, vielleicht war er dann von Anfang an nie wirklich richtig real gewesen? Zumindest nicht zu 100 Prozent. Vielleicht gab er nur vor, ein Tisch zu sein, er setzte also eine gute Tisch-Miene auf. Vielleicht war er ja wirklich ein guter Tisch. Wie auch immer, es ist kaum vorstellbar, dass etwas, das in sich selbst ein Tisch ist, plötzlich auf einen Nicht-Tisch-Modus umschaltet. Wie könnte so etwas denn überhaupt möglich sein? Was könnte solch einen Übergang ermöglichen? Wäre es ein Tisch, der so etwas täte?

Ein Wort zur Leerheit des Objekts

Gemäß Nagarjuna erscheinen »aus leeren Phänomenen Phänomene, die leer sind«. Aus dem, was wir für einen Tisch halten, das aber tisch-los ist, erscheint etwas, das noch immer kein Tisch ist. Zuerst haben wir vier Beine und eine Platte, und nachdem wir jene abgebrochen haben, haben wir auch ein paar Beine und eine Platte, aber keinen Tisch, weder vorher noch nachher.

Moment! Diese ganze Philosophie lässt sich auch auf den Stuhl anwenden, auf dem Sie genau jetzt sitzen. Und halten Sie sich jetzt bloß nicht verzweifelt am Tisch fest – worin bestünde denn der Sinn, wenn er ohnehin leer ist? Entspannen Sie sich und überzeugen Sie sich selbst, dass buddhistische Philosophie gar nicht so schwarz ist, wie sie manchmal gemalt wird. Obwohl Ihr Stuhl doch leer und ohne Stuhl-Wesen ist, sitzen Sie noch immer darauf oder etwa nicht? Eben! Er ist noch genauso bequem wie zuvor. Und übrigens: Haben Sie es eigentlich schon bemerkt? Die denken alle, das sei ein Stuhl oder ein Tisch oder ein Baum!

3.
Hier sind wir nun, obschon – mitnichten
Ein Wort zur Leerheit des Subjekts

> *Das Ego rührt von der Unwissenheit
> unreflektierter Allgemeinplätze her.
> Es ist nicht wesentlich begründet.*
>
> 8. Karmapa Mikyö Dorje

Irgendwo zwischen den Zehenspitzen und der Oberkante unserer Schädeldecke müsste sich doch unser Selbst befinden. Die kalte und harte Tatsache von dessen Existenz lässt sich ganz tief im Inneren erspüren. Wer oder was wären wir denn, wenn nicht wir selbst? Natürlich gibt es eine einzige Ausnahme – Rimbaud, welcher behauptete: »Ich ist ein Anderer«. Aber wir wissen ja alle, wie diese Künstler so sind.

Also, wo verweilt nun unser Selbst? Definitiv nicht in unserem Appendix oder in unseren Zähnen, zumal wir, selbst wenn wir sie verlieren, noch immer in der Lage sind, unsere Identität aufrechtzuerhalten. Abgesehen von der Tatsache, dass wir manchmal vor dem Ziehen der Zähne kaum vermeiden können anzunehmen, dass unser Selbst inmitten des schmerzenden Zahnes sitzen würde oder gar, dass wir selbst der Zahn seien. Schon klar – aber wo sonst, wenn nicht da? Das Selbst befindet sich in unserem Herzen, wenn wir verliebt sind, in unserem Kopf, wenn wir ein Puzzle zusammensetzen, und genau in unseren Fingerspitzen, wenn wir sie uns verbrennen. Moment mal ... heißt das etwa, es wandert in unserem gesamten Körper umher? Das kann nicht sein – stellen Sie sich nur vor, wohin es überall gelangen könnte ... Oder ist es vielleicht doch eher gleichmäßig im Körper verteilt? Nicht wirklich, sonst würde doch beim Schneiden der Nägel unsere Identität beeinflusst, an schwerwiegende Amputationen gar nicht zu denken. Wenn die Existenz unseres Selbst aber so offensichtlich ist, wie weithin angenommen wird, warum ist es dann verdammt nochmal so schwer, es aufzuspüren? Hat es denn wirklich so viel mit unserem Körper zu tun, zumal doch sämtliche Atome, die es konstituieren, alle paar Jahre komplett ausgetauscht werden? Wenn unser Selbst nicht unser Körper ist, dann muss es sich doch von ihm unterscheiden. Aber genau genommen kann es auch nicht wirklich etwas ganz anderes sein, denn schließlich stehen eine ganze Menge der auf den Körper bezogenen Angelegenheiten mit unserem Selbst in Verbindung und umgekehrt genauso. Das Selbst scheint sich durchaus vom Körper zu unterscheiden, jedoch nicht voll und ganz. Wenn man es so sagt, ist es aber auch wieder ziemlich ungenau – ein bisschen schwanger gibt es nicht.

Unser Selbst mag manche Behandlungen mehr als andere. Scheinbar gibt es da eine Verbindung mit dem Körper. Da wir aber unfähig sind, jenes Selbst zu lokalisieren, ist alles, was wir bisher mutmaßen können, dass das Selbst eine Art interaktive Verbindung mit dem Körper innehat.

Laut Descartes bindet sich die Seele mithilfe der Zirbeldrüse an den Körper, was durchaus sein könnte – bis auf die Tatsache, dass Anatomie und Physiologie die Rolle der Zirbeldrüse ziemlich unterschiedlich definieren. Vielleicht würden Sie jetzt noch ein paar andere Organe vorschlagen – ich werde es hier allerdings nicht wagen, weitere populäre Theorien zu erwähnen, die die Seele im männlichen Körper verorten …

Dieses verflixte Selbst wurde häufig auch als Seele bezeichnet, deren wahre Existenz jedoch nie so ganz einfach zu beweisen war. Die Philosophie hat zwar durchaus einige interessante Ansätze hervorgebracht, die unser Vertrauen wieder bestärken sollten, aber wie dem auch sei – wenn man beharrlich etwas zu beweisen versucht, beweist man dann nicht in der Tat, dass das Gegenteil der Fall sei? Nun, wenn ich eher meine Seele als mein Körper wäre, dann müsste deren Existenz doch noch viel offensichtlicher sein als etwa die bloße Tatsache, dass wir zwei Hände haben. Ist nicht dieser Drang, immer wieder neue Beweise für die Existenz der Seele finden zu wollen, schon Beweis genug dafür, wie ominös diese fundamentale Thematik in Wirklichkeit ist? Eine normale Person, die sich in sich selbst vertieft, wird wohl kaum der Welt verkünden können: »Hier ist sie nun, meine Seele – schaut, was für eine simple und zeitlose Entität!« Sie würde wohl eher sagen: »Nacht, schwarz wie die Nacht!« Andernfalls wäre es recht einfach, die Seele zu beschreiben und ihre Eigenschaften aufzulisten, wie etwa deren Form, Farbe oder auch abstraktere Bestandteile, die inhärente Göttlichkeit, deren Lasterhaftigkeit und so weiter. Es würde uns wie Schuppen von den Augen fallen, dass die Seelen kleinwüchsiger Menschen eher auf der zierlichen Seite zu finden sind, und Männer würden bemerken, dass ihre eigene Ausstattung definitiv größer ist als die ihrer Kollegen. Wohingegen Frauen sich über das Wesen ihrer Seele Sorgen machen müssten und womöglich noch versuchen würden, dieses Wesen noch ein wenig schlanker zu machen. Aber nichts davon spielt sich in Wirklichkeit ab, vielleicht weil sich so ein Ding wie »Seele« im Inneren einfach nicht auffinden lässt.

Dennoch gibt es da etwas, das entdeckt werden könnte ... zum Beispiel unsere Gedanken und Gefühle. All die, die sich nicht primär mit ihren Körpern identifizieren, könnten dem jetzt also beipflichten: »Genau das bin ich – meine Gedanken und Gefühle«, und dennoch müssten sie dabei besorgt sein, diese beschauliche Insel des Selbst eines Tages wieder zu verlieren. Schließlich bleibt im Verlauf der Zeit auch von dieser Art Selbst nichts mehr übrig. Gibt es denn nicht wenigstens irgendeinen Gedanken, es müsste noch nicht mal ein genialer Gedanke sein, der sich je konstant in unserem Kopf gehalten hätte, der auf diese Weise die Existenz des Selbst sicherstellen könnte? Gibt es denn nicht wenigstens ein einziges Gefühl, das seit dem Tag unserer Geburt bis zum gegenwärtigen Moment unverändert geblieben wäre und somit die persönliche Kontinuität garantiert? Wenn die Antwort »nein« ist (und wer würde hier das Gegenteil behaupten?), enthält so

Ein Wort zur Leerheit des Subjekts

betrachtet ein Selbst nichts Permanentes oder Fixes, das uns zu behaupten erlaubte, unser Ich von gestern und das Ich von heute seien ein und dieselbe Person. Moment mal, ist das nicht so ähnlich wie mit dem Fluss des Heraklit, der nichts Bleibendes oder Dinghaftes ist, sondern kontinuierlich fließendes Wasser?

Selbstverständlich sind wir, zumal wir ja unsere Gedanken denken und unsere Gefühle fühlen, ganz von deren Einzigartigkeit und Besonderheit eingenommen, was einen Hinweis auf unser hervorragendes Selbst darstellen könnte. Wenngleich schon unsere intimsten Träume außergewöhnlich ähnlich im Vergleich mit denen anderer Menschen sind – wer verliebt sich denn nicht gern, wer möchte keinen anständigen Job haben oder einfach glücklich sein? Also sind Träume gar nicht so speziell oder persönlich, abgesehen von unserer Einbildung, dass sie es seien. Dennoch wird genau diese Vorstellung, so speziell und persönlich zu sein, von jedem geteilt. Das macht sie im selben Moment schon viel weniger speziell und persönlich. Es gibt an sich rein gar nichts, was uns von anderen unterscheidet oder was eine Grenze zwischen uns und anderen ziehen würde. Nichts kann die Einzigartigkeit unseres Selbst für sich beanspruchen.

Unsere alltägliche Gewohnheit, die Gedanken und Gefühle dermaßen ernst zu nehmen und sich mit ihnen zu identifizieren, macht, wenngleich sie auch sehr stark ist, gar keinen Sinn, zumal sowohl unsere

Gedanken als auch die Gefühle ständig kommen und gehen. Und aus diesem Grund ist die gesamte Prozedur, ständig an ihnen festzuhalten, so absurd, als würden wir auf einer belebten Straße einem jeden einzelnen Passanten gegenüber unsere tiefste Zuneigung zum Ausdruck bringen.

Die Sprache scheint uns dennoch einige Anhaltspunkte zu geben, wo denn das Selbst zu finden wäre. Zum Beispiel sagen wir »meine Bekleidung«, und solch eine besitzanzeigende Bezeichnung eines vermeintlichen Objekts verführt uns dazu, sich einen Besitzer der gerade angedachten Kleidungsstücke vorzustellen. Nun, Bekleidung gehört zum Körper, welcher aber genauso wenig Ich ist, weil wir ja ebenfalls »mein Körper« sagen – der Körper ist letztlich auch der meine, genauso wie »meine Bekleidung«. Also fahre ich damit fort, den Besitzer meines Körpers zu suchen, und wenn ich mich in mich selbst vertiefe, entdecke ich schließlich ein ganzes psychologisches Disneyland von Gedanken und Gefühlen. Mein erster Eindruck sagt mir, dass ich mich hier nun gefunden habe – das Disneyland seiend – aber nach einer Weile bemerke ich, dass auch die Gedanken und Gefühle die meinen sind, und auf diese Weise fahre ich fort, mich nach deren Eigentümer umzuschauen. Dies führt mich schließlich zum Bewusstsein selbst, welches all diese Gedanken, Gefühle, meinen Körper und die Umwelt erfährt. Könnte ich etwa das Bewusstsein sein? Genau genommen schon, wenn jenes Bewusstsein letztendlich nicht ebenfalls meines wäre, also müsste dessen Besitzer existieren. Aber abgesehen von diesen ganzen Bemühungen kann ich es noch immer nicht finden. Es muss doch hier ganz in der Nähe sein, ich kann die Anwesenheit beinahe spüren, was sich aus der Überlegung, dass es mein Bewusstsein besitzt, bestätigt. Richtig, aber wo zum Teufel ist es? Diese ganze Suche nach etwas, das nicht gefunden werden kann, macht uns zwar fix und fertig, aber bitte – noch ein klein wenig Geduld.

Im Verlauf unseres Daseins tendieren wir dazu, jede Erfahrung, die uns im Leben begegnet, zu etikettieren. Dabei sind wir ziemlich weit von Vielseitigkeit entfernt, zumal wir nur zwei Etiketten verwenden: »meins« und »nicht meins«. Wir zwingen alles in eine dieser beiden Schubladen hinein, und dieses ewige Oszillieren der Wahrnehmung zwischen diesen beiden Extremen »meins« und »nicht meins« erschafft die Idee, dass es dort einen Besitzer gäbe, also mein Selbst, das alles, was »meins« ist, besitzt, unabhängig von dem, was »nicht meins« ist. Mittlerweile mögen Sie bemerkt haben, wie stark diese Gewohnheit des Kategorisierens ist. Ich hatte sogar erwähnt, dass dieser erhoffte Besitzer MEIN Selbst ist. Daran ist eigentlich nichts Niederträchtiges oder gar Perverses, und es klingt sogar ziemlich logisch: Mein Selbst ist meins, aber halt, und einen Moment nachgedacht – ist es wirklich *meins*? Spätestens jetzt beginnen wir zu erahnen, wie haltlos die Annahme eines Selbst tatsächlich ist, und wie fruchtlos doch unsere Bemühungen bleiben müssen, es zu finden. Das Selbst schien der Besitzer meiner Gedanken, Gefühle und meines Bewusstseins zu sein. Weil diese Erfahrungen als »meine« etikettiert wurden, musste sich ihr Besitzer außerhalb befinden. Trotzdem sollte doch auch der Besitzer unseres Selbst existieren. Nun, das klingt doch schon ein bisschen sonderbar, nicht wahr? Wir hatten angenommen, dass unser Selbst das ultimative Selbst sei, und schon haben wir ein weiteres Selbst, das hinter dem ersten zutage tritt. Könnte es denn eine Art Super-Selbst oder Über-Selbst geben (»Zu Befehl!«)? Spätestens jetzt wird offensichtlich, wie stark die Gewohnheit des Etikettierens geworden ist. Zuerst lässt es uns das Selbst als den Besitzer unserer Erfahrungen wahrnehmen, dann führt es uns geradewegs zum Selbst des Selbst, welches unser Selbst besitzt. Das könnte bis in alle Ewigkeit so weitergehen, bis man ein komplett neues Level von »Zu Befehl!« erreicht. Dieses höhere Selbst wäre dann noch mehr meines als das vorherige, was mich selbst noch mehr zu mir selbst bringt. Daher ist das ach so geliebte Selbst nichts anderes als eine logische Schlussfolgerung unseres gewöhnlichen Denkens, die, zumal es sich um eine Gewohnheit handelt, doch nur ihre eigene Beständigkeit beweisen kann. Lasst uns der Wahrheit ins Gesicht sehen! Unser Selbst ist nichts als eine verwirrte Angewohnheit des Geistes, der dabei durch verschiedene letztlich nicht-persön-

Ein Wort zur Leerheit des Subjekts

liche Erfahrungen geht, die in jeweils eine der beiden Schubladen, »meins« (und deswegen viel wichtiger) oder »nicht-meins« (nicht so wichtig, es sei denn Gegenstände enthaltend, die definitiv in die erste Schublade gehören sollten, wie zum Beispiel die hübsche Freundin meines Arbeitskollegen oder die Wohnung meiner Eltern etc.) gestopft werden. Laut buddhistischer Philosophie wird diese beharrliche Gewohnheit als Anhaftung bezeichnet. Der unerleuchtete Geist haftet jeder in ihm aufscheinenden Erfahrung an, hält sie dann fest und kategorisiert sie als »meins« oder »nicht meins«. Wie dem auch sei. Dass wir auf diese Weise funktionieren, führt zu einer trügerischen Wahrnehmung der Realität und unseres Selbst als ein widersprüchliches Paar, auf dessen Basis sich das gesamte Drama unseres Lebens entfaltet. Die bloße Tatsache, dass wir die Realität auf dualistische Weise erfahren, bedeutet jedoch nicht notwendigerweise, dass die beiden Pole dieses Dualismus real seien. Gleichsam gibt es im Traum jemanden, der eine Realität wahrnimmt, die sich von ihm unterscheidet, aber just im Moment des Aufwachens kann das Szenario nicht länger ernst genommen werden. Während des Träumens scheint alles noch recht ernst zu sein und real: Wir befinden uns am Ort des Geschehens, vom Tiger oder von einem Steuereintreiber gejagt oder gar von einem auf einem Tiger reitenden Steuereintreiber, und wir rennen um unser Leben. Sobald wir dann aufwachen, wird uns nicht nur gewahr, dass weder der Tiger noch der Steuereintreiber real gewesen sind, zumal sich diese in Luft aufgelöst haben. Auch die Person, der sie auf den Fersen waren, ist genauso illusorisch wie die Gefahr, der sie sich ausgesetzt wähnte. Folglich wurde niemand von einem Tiger gejagt, auch wenn alles dessen Existenz zu bestätigen schien, weswegen es uns erschöpfte. Offensichtlich ist das Selbst dazu gemacht, um der Erfahrung zu entsprechen; es ist ebenso traumähnlich wie wir selbst in unserem eigenen Traum.

Innerhalb dieses Traumes unserer tagtäglichen Erfahrung rennen wir die ganze Zeit hinter etwas her, oder wir versuchen etwas anderes zu vermeiden, obwohl beide Bestrebungen gegenstandslos sind – zumal sie von einer erträumten Person in einer erträumten Welt erträumt wurden. Diese buddhistische Metapher des Traumes legt nicht nur die nicht reale und leere Natur der Welt selbst offen, sondern auch desjenigen, der sich bemüht, sich in der Welt ein möglichst gemütliches Nest zu bauen. Dennoch gibt es nichts Schöneres als flügge zu sein (wenn ich mir die Freiheit nehmen darf, hier noch mehr ornithologische Termini zu verwenden), oder wie Buddha es sagte, einfach von diesem Traum zu erwachen. Die Trennung zwischen Objekt (der uns umgebenden Welt) und Subjekt (also uns selbst, von der Welt umgeben) erscheint in einem Traum, welcher, um überhaupt geschehen zu können, von Bewusstsein erfahren und geträumt werden muss. Das Bewusst-

Ein Wort zur Leerheit des Subjekts

sein selbst ist, im Gegensatz zu dem, was die Gewohnheit uns mitzuteilen versucht, nichts Persönliches, weil die bloße Idee – das Bewusstsein ist meins – nur innerhalb des Bewusstseins selbst erscheinen kann. Bewusstsein ermöglicht, dass Erfahrung innerhalb der Spaltung »ich/andere« entsteht, und erst damit kann sich die Idee eines von mir besessenen Bewusstseins entwickeln. Bewusstsein muss dem Gedanken, dass »ich *Ich* bin« zuvorkommen, damit dieser überhaupt zutage treten kann. Das Bewusstsein ermöglicht es einer Erfahrung überhaupt stattzufinden, und innerhalb dieser Erfahrung scheint dann die Trennung zwischen dem Erleber und dem Erlebten auf – wie der Tiger und seine Beute in jenem Traum. Das träumende Bewusstsein hat für diese Erfahrung nur den Raum zur Verfügung gestellt, es war nicht das Bewusstsein, das weglief; beide, der gejagte Mensch und der jagende Tiger, waren Teil des allumfassenden Bewusstseins. Das Bewusstsein selbst ist in keiner Weise persönlich, und wenn wir es inmitten von uns oder genau genommen inmitten »unserer« Gedanken und Gefühle entdecken, dann ist es nur diese Plage unseres Gewohnheitsdenkens, welches das Bewusstsein in unser Eigentum verwandelt und es uns als »unseres« etikettieren lässt. Dieses Etikett suggeriert dann, dass es noch etwas mehr als bloß Bewusstsein gäbe, und dieses »etwas mehr« verwandelt sich im Anschluss automatisch in unser Selbst, das vorgibt, irgendwie mittels des Bewusstseins ausgedrückt zu werden. Darum macht uns die Tatsache, dass unser Selbst nichts als ein Produkt unserer Gewohnheit ist, unmöglich, ihm auf die Schliche zu kommen. Stattdessen können wir hier viel mehr entdecken, aber wir verraten noch nicht alles, was später in dem Kapitel über das zeitlose Bewusstsein ausführlich erklärt werden wird. Unser vermeintliches Selbst ähnelt einem jener Charaktere aus Arcimboldos Malereien, sofern es Ihnen nichts ausmacht, wenn ich dieses Beispiel noch einmal heranführe. Sie erinnern sich doch an die Gesichter, die sich bei genauerem Hinsehen schließlich als eine Gemüse-Komposition entpuppten? Wenn wir sie aus einer gewissen Entfernung betrachten, scheint es sich um Gesichter zu handeln. Bei genauerem Hinsehen werden sie dann aber zu einem Haufen Gemüse. Die Nase ist in Wirklichkeit eine Mohrrübe, zwei Rote Beten fungieren als Wangen, und die Augen sind aus Nüssen gemacht. Es gibt kein Gesicht in diesem Gesicht, soll heißen, dieses gesichtslose Gesicht – schauen wir der Wahrheit ins Auge – ist ein leeres Gesicht.

Mit unserem Selbst (unserem Ego) verhält es sich nicht anders. Nichts als ein Cluster Atome, einige Gefühle und ein paar Schönheitsoperationen halten diesen psycho-physischen Gemüseladen zusammen. Unsereins hingegen betrachtet das Selbst stets mit einer gewissen Distanz. Darum halten wir die Mohrrübe in unserem Gesicht (welches eigentlich leer ist) für eine Nase, und der Blumenkohl scheint unser

Ein Wort zur Leerheit des Subjekts

Gehirn zu sein, das vor lauter Tollheit in Form verstreuter Kichererbsen Funken schlägt. Wir haften an diesem Gemüse an und geben uns jede Mühe, es als unser Selbst zusammenzusetzen. Dieser egoistische Vegetarismus ist jedoch zum Scheitern verurteilt – im Endeffekt hat jedes Gemüse ein Haltbarkeitsdatum und wird früher oder später verfaulen. Noch dazu schmeckt manches Gemüse gar nicht! (Besonders Blumenkohl und Spinat – egal wie sehr man das Gemüse für gesundheitliche Aspekte lobt – das rechtfertigt den fürchterlichen Geschmack noch lange nicht.)

Nur weil man sagt, dass es gesund sei, sammeln wir Gemüse und sortieren es achtsam. Für unser mentales Wohlbefinden ist das aber eigentlich kontraproduktiv. Dieses ständige Gemüsehorten führt zur Erschaffung unseres Selbst. Es wird von zahlreichen Faktoren konditioniert und durch unseren Hang zur Anhaftung zusammengehalten. Auf lange Sicht lohnt sich das gar nicht. Diese Einsicht wird uns jedoch erst später gewahr, obwohl es sich bei der Neigung, Gemüse zu überschätzen, um eine notwendige Bedingung für das Horten handelt. Weil wir unser Selbst schon besitzen, an dem wir während all der Jahre so hart gearbeitet haben, tragen wir es durch jede Situation des Lebens mit großem Bedacht hindurch. Und all diese Situationen werden zu Ausdauertests für unser Selbst/Ego, was sich noch immer als perfekt anpassungsfähig erweist. Wann immer wir denken:

»Diese Behandlung verdiene ich nicht ...«, »Ich habe das Recht, zu erwarten ...«, oder »Was glaubst du, hätte ich tun sollen, wenn doch alle ...« – handeln wir uns mental blaue Flecken ein. Der Preis, den wir in diesen Situationen zahlen, verhält sich direkt proportional zur Steifigkeit unseres Egos. Je stärker unsere Selbstachtung ist, desto leichter fällt es dem Ego, das keine Ahnung von seiner dominanten Rolle hat, an die Realität anzuecken, weil diese nur von unserer eigenen Betrachtungsweise herrührt. So entsteht der ständige Kampf mit der Welt, der sich definitionsgemäß immer gegen uns richtet. Dieser alltägliche Kampf scheint unvermeidlich, solange wir uns der Annahme hingeben, dass unser Ego besser als das der anderen sei.

Und wenn wir unser Ego nun schon mal haben, dann zwingt uns jede Konfrontation, es erneut zu arrangieren und erneut daran zu feilen. Nehmen wir einmal an, jemand hätte gerade seinen Abschluss gemacht und würde Doktor der Philosophie. Sein Status hat sich verändert, und demzufolge muss sich auch sein Ego verändert haben. Nun kein Student mehr, braucht er nicht mehr zu studieren, es scheint, als würde er mittlerweile etwas wissen, denn sonst hätte ihn die universitäre Maschinerie nicht verdaut. Demzufolge muss sein Erscheinungsbild entsprechend verändert werden – ein Jackett kommt nun nicht mehr in Frage, zumal so etwas hauptsächlich vom Studentenmob getragen wird; also muss er sich

Ein Wort zur Leerheit des Subjekts

einen Mantel kaufen und womöglich noch einen Hut, der dazu passt. Ein Hut mag zwar ein wenig veraltet anmuten, aber dennoch, komplettiert durch eine entsprechend große Pfeife mag sich doch schon die richtige Assoziation zu Bertrand Russel einstellen. Ein weiteres wichtiges Element der Rüstung wird ein schwarzer Aktenkoffer sein, in dem sich, wohlgeordnet, essenzielle wissenschaftliche Literatur und ein Notizbuch finden (in der Vergangenheit würde noch ein bloßer Stapel von Schreibblättern genügt haben, um eine unverhoffte geniale Eingebung auf Papier bringen zu können).

Und eines Tages dann werden er und sein Ego, welches just diesen Wettkampf der psychologischen Waffen gewonnen hat, zu einer Party eingeladen, die von ein paar Studenten ausgerichtet wird. Er entscheidet sich dort hinzugehen, aber diesmal als ein Doktor der Philosophie, der nicht länger ein einfacher und unkomplizierter Typ von nebenan ist, sondern jemand, der das Ganze aus der Vogelperspektive betrachtet. Er taucht mit seinem Aktenkoffer auf, was kaum jemanden zu überraschen scheint. Die Musik ertönt, und die Party nimmt ihren Lauf, aber es fühlt sich ein wenig zu hitzig an, um in einem Mantel mit der Aktentasche in der Hand zu tanzen. Also geht er ein wenig beiseite und beobachtet das ganze Spektakel, was ihm nun zunehmend befremdlich erscheint. Worüber lachen die denn nur? Was die für einen Blödsinn reden ... und die Musik!

Wie kann man denn bloß zu so etwas tanzen? Naja, zu meiner Zeit wusste man wenigstens noch, wie man richtig feiert ...

Die gleiche Situation, die damals noch ohne Aktentasche erlebt worden war, erscheint jetzt in ganz anderem Licht. Nun haben wir plötzlich Gepäck dabei, das offensichtlich zu schwer ist, und wir hätten uns zuerst noch gar nicht recht ausmalen können, dass der Aufpreis für das Übergepäck eine veränderte Weltanschauung ist. Die psychologische Aktentasche unseres Egos bestimmt nicht nur die Art, wie wir die Welt und uns selbst wahrnehmen, sondern auch, wie andere uns erleben. Je mehr wir uns wünschen, von ihnen auf besondere Art und Weise wahrgenommen zu werden, desto schwieriger wird es, die Welt davon zu überzeugen, dass sie uns mit gebührendem Respekt begegnen soll. Jedenfalls nehmen wir viel zu oft an, dass noch eine ganze Menge zu tun sei, um das Bild aufrechterhalten zu können, welches wir der Welt vermitteln wollen. Zumal diese Dummköpfe keine Ahnung davon haben, mit wem sie es eigentlich zu tun haben. Auf diese Weise wird unsere mentale Aktentasche immer schwerer und gleichsam sperriger, nicht nur für uns selbst – sie zu tragen – sondern auch für unsere Umgebung. Sie wächst an, je mehr Arbeit wir in sie investieren. Ein Selbst zu besitzen stellt sich als ziemlich kostspielig heraus. Man muss hierbei alle möglichen Aufwendungen in Betracht ziehen: Wartungsarbeiten, Betriebs- und Servicekosten,

Ein Wort zur Leerheit des Subjekts

hohe Versicherungskosten, und natürlich muss man auch in Werbekosten für das Selbst investieren. Solche Aktivität wird sich immer in einer Art mentalem, in Leder gebundenen Buch niederschlagen, welches zwei ziemlich lange Listen beinhaltet, die von vornherein nicht abzusehen waren. Die erste Liste zeigt all jene Dinge auf, die wir erwarten. Ich bin so und so, und also sollte ich mich auf diese oder jene Weise verhalten. Leider beinhaltet diese lange Liste für gewöhnlich Dinge, die mit der Zeit lästig werden – wie ein Mantel an einem besonders heißen Tag. Die zweite listet all das auf, was vermieden werden sollte. Gemeinerweise sind es Dinge, die wir gerne tun (auch ein Doktor der Philosophie würde nach einem kräftigen Drink gern einmal tanzen). Trotzdem besteht die Gefahr, dass wir manchmal die beiden Listen durcheinander würfeln, wenn wir in Partylaune sind. Dann wachen wir später mit einem moralischen Kater auf und fragen uns hypothetisch und ziemlich akademisch: »Was zum Teufel werden sie jetzt bloß von mir denken?« Und das wäre natürlich zwecklos, zumal doch sowieso jeder immer irgendeine Meinung von uns hat. Darum sind alle Bestrebungen, es den anderen recht zu machen, zum Scheitern verurteilt. Selbst wenn es gelingt, den Vorstellungen zu entsprechen, die andere uns aufdrängen wollen, was für gewöhnlich unseren eigenen Neigungen widerspricht, wird es uns keine Befriedigung verschaffen, sondern andere mehr und mehr ermutigen, sich in unser Leben einzumischen. Es gibt nichts, was uns stärker begrenzt als unser Selbst oder Ego sowie in Verbindung mit unserem Ego bestehende Konzepte. Umso lächerlicher ist es, dass diese teure und begrenzteste aller Begrenzungen gar nicht existiert! Darum übersteigen die Kosten für den Erwerb eines Selbst immer den Gewinn, sofern es überhaupt Sinn macht, hier über Gewinn zu sprechen. Letzten Endes kommt unser Selbst einem Verlustgeschäft gleich.

4.
Betrachtungen beim Konsumieren
Die ganze Welt ist Geist

> *Alle Erscheinungen sind dein eigener Geist.*
> *Die Wahrnehmung von äußeren Objekten*
> *ist ein irreführendes Konzept. Sie sind leer wie*
> *ein Traum – ohne Essenz.*
>
> Mahasiddha Naropa

Wenn es Ihnen schwerfällt zu glauben, dass die Welt nichts als Geist sei, dann versuchen Sie doch einmal die folgende Frage zu beantworten – was ist das: »Quadratisch. Praktisch. Gut.«? Sie können aus einer der folgenden Optionen wählen:
a. eine Werkzeugkiste aus Metall
b. ein Pflasterstein zum Pflastern von Gartenwegen
c. ein in die Wand eingelassener Titan-Tresor, der sich hinter einem Gemälde versteckt
d. eine Tafel Schokolade

Bingo! Die richtige Antwort lautet »d.« – eine Tafel Schokolade. Im Überangebot der ramponierten runden Schokoladen, der auffällig rautenförmigen Pralinen und der sentimentalen, mädchenhaften Schokoladenherzen können wir eine echte Schokolade nur an jener überraschenden Qualität, der Rechteckigkeit, erkennen. Ein weiterer grundlegender Faktor, der zur Schokoladenhaftigkeit von Schokolade beiträgt, ist ihre Zweckmäßigkeit. Praktischerweise kann diese Tafel Schokolade fein säuberlich in kleine und natürlich quadratische Stücke aufgebrochen werden. Dies ermöglicht uns, sie von anderen Arten Schokolade zu unterscheiden, die erst mit einer handlichen Kreissäge von Bosch zerlegt werden müssen. Gut. Schokolade muss gut sein. Und dies hat nichts mit dem Geschmack zu tun, nicht wahr, eine solche Eigenschaft kann komplett vernachlässigt werden. Schokolade ist in moralischem Sinne gut! Sie ist niemals in Kämpfe verwickelt und nimmt auch keine Schimpfworte in den Mund. Sie verhält sich immer ganz ausgezeichnet, wie sie dort so auf dem rechteckigen Beistelltisch liegt – sehen Sie nur, was für eine gute Schokolade sie doch ist! Andere Nationen jedoch, wie die polnische zum Beispiel, würden Schokolade womöglich mit anderen Augen betrachten. Hauptsächlich wohl als Vorwand für lüsternes Treiben, wie in verschiedenen Werbesendungen im Fernsehen suggestiv beworben, wo junge Pärchen mit einer Tafel Schokolade zum Vorspiel schreiten. (Um die moralischen Werte nicht ganz aus den Augen zu verlieren, werde ich mich jetzt nicht etwa noch in der Analyse eines Werbeclips für Milchschokolade ergehen, der einen Mann darstellt, welcher mit einer Kuh mit prall gefülltem Euter tanzt.) Noch dazu preisen jene Werbesendungen den Geschmack der Schokolade seltsamerweise auch noch ziemlich aggressiv als wohlschmeckend, exquisit, gar unvergesslich und dergleichen an.

Aber sehen wir eigentlich alle dasselbe, wenn wir Schokolade betrachten? Definitiv nicht! Wer ist denn dann aber im Recht? Um diese Frage beantworten zu können, sollten wir auf die Schokolade als solche zurückgreifen, so wie sie wirklich ist. Frei von national gefärbten Überzeugungen, die doch nur unsere

Wahrnehmung beeinflussen. Schokolade, ganz frei von Projektionen, die ihr in den einzelnen Ländern angedichtet werden. Aber wie um alles in der Welt könnte so etwas je vonstattengehen? Es gibt doch gar keinen Ort, an dem wir der Schokolade in ihrer existenziellen Nacktheit begegnen könnten, zumal sie immer durch irgendwelche lokalen, national gefärbten Brillengläser hindurch betrachtet wird. Wohin sollten wir uns denn nur bewegen, um einen unverfälschten Eindruck von Schokolade zu erlangen? Von wo aus könnte Schokolade (als solche) betrachtet werden? Etwa vom Mond? Nicht wirklich. Einerseits, weil dieser zu weit entfernt ist, um von dort aus etwas erkennen zu können (Armstrong hat nie etwas von Schokolade erwähnt), und abgesehen davon würde sie uns auch dann noch wie von einer besonderen Mondperspektive aus betrachtet erscheinen und nicht, wie sie wirklich ist. Genau hier stellt sich eine Frage, die für jeden Schokoladenliebhaber relevant sein sollte: Lässt sich Schokolade überhaupt als solche oder nur als so etwas wie ihr nationales Konstrukt begreifen? Wir könnten versuchen, diese Überlegung als überflüssige Sorge zu relativieren, sie als ein an den Haaren herbeigezogenes Problem abtun, das gar nicht wirklich existiert, zumal wir doch gemeinsam dieselbe Schokolade lediglich aus leicht verschiedenen Blickwinkeln betrachten. Aber Moment mal! Woher wissen wir denn eigentlich, dass andere Menschen *dieselbe* Schokolade erblicken und nur ein anders Bild davon haben, wenn wir sie doch so dermaßen unterschiedlich auffassen? Zum Beispiel, wenn wir nicht die Originalschokolade, sondern nur ein deutsches oder polnisches Bild oder jenes einer anderen Nation von etwas haben, also eigentlich verschiedene Bilder – wie können wir da annehmen, dass sie dieselbe Sache repräsentieren? Wir haben keine Möglichkeit, diese nationalen Blickwinkel mit einer Prä-Schokolade zu vergleichen und zu behaupten, dass beide Sichtweisen tatsächlich korrekt seien. Wenn es keine Prä-Schokolade gibt, dann gibt es auch keine Schokolade, was sogar ohne die Hilfe buddhistischer Philosophie offensichtlich ist, allein schon auf Basis der Arbeiten von Platon. Unglücklicherweise verfügen wir anstelle von Schokolade nur über so etwas wie ein paar nationale, schokoladenähnliche Konstrukte.

Wenn es aufzuzeigen möglich wäre, dass beide Blickwinkel annähernd so kompatibel wie zwei gute Übersetzungen eines französischen Buches sind – eine deutsche und eine polnische zum Beispiel – dann gäbe es de facto kein Problem, und wir könnten das französische Original auf Grundlage der zwei Übersetzungen neu erschaffen. Wenn es dabei aber um Schokolade geht, ist das nicht ganz so einfach. Wir müssten zum Beispiel beweisen, dass das deutsche »praktisch« so viel wie das englische »*delicious*« bedeutet. Man könnte hier argumentieren, dass ein praktisches Essen einfach dasselbe bedeute wie ein köstliches, zumal es mit Leichtigkeit den Schlund hinuntergleitet, beide Worte repräsentieren also dasselbe: die Tatsache, dass Nahrung recht einfach verschlungen werden kann; oder man könnte behaupten, das deutsche Wort »gut« beschreibe eine sogenannte ästhetische Erfahrung, also etwas Gutes, das uns zu Lustspielen verführt. Aber wir müssen uns schließlich eingestehen, dass die Interpretation vielleicht doch ein wenig zu sehr an den Haaren herbeigezogen wirkt (allein schon die Tatsache, dass nicht ganz deutlich wird, ob Schokolade tatsächlich gut sei und darum zu Lüsternheit verführe oder andersherum – so wie weiter oben schon erwähnt – und aus diesem Grund als gut betrachtet wird). Schließlich: Wie nur den Polen erklären, dass die deutsche Rechtwinkligkeit die spannendste und wichtigste Eigenschaft von Schokolade sei?

Es scheint, als ob jede Nation ihre eigene Schokolade kreiere. Wenn sich die Wesenheit von Schokolade mittels ihrer essenziellen Qualitäten konstituiert, also jenem Konstrukt, dessen fundamentale Attribute Quadrathaftigkeit, Zweckmäßigkeit und das Gute sind, dann muss diese Wesenheit etwas vollkommen anderes sein als das Objekt selbst, dessen Essenz sich auf die bloße Köstlichkeit und das Verleiten zu lüsternen Handlungen reduziert. Aus diesem Grunde ist Schokolade leer – ohne jede eigene Natur, wohingegen wir ihr eine national konstituierte Natur andichten. Diese Natur scheint der Schokolade irgendwie aufgrund der Ansichten eines Bürgers eines bestimmten

Landes injiziert worden zu sein, der ihre grundlegenden Qualitäten selektiert und sie in Form des wahrgenommenen Objektes miteinander arrangiert.

Jeder Nation ihre eigene ... Schokolade. Schokolade ist also nicht vollständig unabhängig von uns, sie ist ein Produkt der Mentalität eines bestimmten Landes, auch ein Süßwarenladen wird entsprechend wahrgenommen – oder ein Sexshop oder ein Baumarkt voller Baumaterial.

Dem nicht genug, schließlich ist es nicht nur der national geprägte Geist, der die Dinge nach seinem eigenen Bilde konstituiert. Der individuelle Geist stellt solche Konstrukte in jedem Moment jeder einzelnen Erfahrung her. Nehmen wir zum Beispiel an, wir äßen etwas Rundes, Praktisches und »nicht Gutes«[9], also einen Apfel (zu viel Schokolade ist ungesund, und es wäre mir zuwider, Sie, meine Leserinnen und Leser, im Verlauf der Lektüre dieses Buches Gewicht ansetzen zu sehen). Schauen wir uns doch einmal unseren Geist beim Verspeisen eines Apfels an. Dieses Verspeisen ist eine ganzheitliche Erfahrung, die jeden einzelnen Sinn beansprucht. Dadurch werden wir über den süßen Geschmack des Apfels, seine Farbe und Form, den fruchtigen Duft, die Sanftheit seiner Schale und die Geräusche beim

---

9 Ein Apfel ist definitiv praktisch, weil er von selbst und ohne jede Hilfe am Baum wächst, jedoch ist er in moralischem Sinne nicht gut, weil er Leiden verursacht, sofern er auf unschuldige Köpfe fällt.

Verspeisen desselben informiert. Diese fünf Sinne stellen uns die komplette Information über den Apfel zur Verfügung. Aber ist das wirklich so? Steht die Information tatsächlich mit dem Apfel in Verbindung? Jene unter Ihnen, denen es bereits gelungen ist, meine Neigungen zu erahnen, sollten bereits wissen, dass, wenn ich unschuldig »Ist das denn wirklich so?« frage, die Antwort hier wahrscheinlich »Definitiv nicht!« lauten wird. Wir sollten doch wenigstens uns selbst gegenüber ehrlich sein – die Information, die uns von unseren Sinnen zur Verfügung gestellt wird, hat mit dem Apfel gar nichts zu tun.

Versuchen wir uns einmal vorzustellen, dass jeder der Sinne wie eine Tür sei, die zu demselben Raum, der das Bewusstsein beinhaltet, führe, welches man sich, sagen wir mal, wie ein kleines grünes Männlein[10] vorstellen könnte, das Sinnesinformationen empfängt. Somit würde sich der Verzehr eines Apfels aus der Perspektive des Bewusstseins wie folgt darstellen: Jede Tür öffnet sich in regelmäßigen Abständen, um einen Brief mit einem Stück Sinnesinformation in Empfang zu nehmen. Durch die Geschmackstür kommt ein Brief mit dem Inhalt: »süß«, durch die

---

10 Ich bin mir bewusst, dass es nicht leichtfällt, sich das eigene Bewusstsein als ein kleines grünes Männlein vorzustellen, und noch dazu mag dies geradewegs wie eine Gehirnwäsche anmuten. Aus diesem Grund sollte der Rest dieses Kapitels wirklich nur von jenen gelesen werden, die über Nerven wie Drahtseile verfügen.

Gesichtstür kommt ein anderer Brief mit dem Inhalt: »rot und rund« etc. So weit, so gut.

Das kleine grüne Männlein sammelt die eingehende Post und liest kontinuierlich die Informationen, die sich vermutlich auf den Apfel beziehen. Richtig, aber durch welche Tür kommt der Brief, auf dem »Apfel« steht? Woher nur soll denn das arme kleine Männlein wissen, ob die Briefe vom selben Absender stammen, der anscheinend die von den Sinnen erkannten Qualitäten besitzt? Es gibt doch lediglich jene fünf Türen, die zu einem Raum ohne zusätzliches Fenster führen, durch das man etwa einen Brief mit Informationen über den Absender selbst einwerfen könnte, geschweige denn ihn selbst erblicken. Wenn die Briefe nun aber nicht unterzeichnet wurden, was leider nicht der Fall ist – zumal die Sinne nur Informationen über eine bestimmte Qualität oder ein bestimmtes Charakteristikum vermitteln können, welches zu rezipieren sie in der Lage sind – woher sollen wir dann wissen, wozu oder zu wem diese Qualitäten gehören? Der Geschmackssinn vermittelt die Information »süß«, Punkt. Und nicht: »süß und das Objekt, das diese Qualität besitzt«. Ebenso kann die Retina des Auges nur Farben und Formen wahrnehmen; die Augen »erkennen« zwar Rundung und Röte vor sich, aber sie »wissen« überhaupt nichts vom Besitzer dieser Attribute. Und der Apfel selbst ist hier von großer Bedeutung, man nimmt an, dass er all diese Qualitäten besitze: Zuerst

Die ganze Welt ist Geist

soll da also ein Apfel sein, der dann auch noch süß und rund ist etc. Aber verfügen wir eigentlich über einen Sinn, der einen Apfel als solchen wahrnimmt, das Objekt als solches, jene Qualitäten, welche von den anderen Sinnen erkannt werden? Zumal das Auge nicht schmecken und das Ohr nicht riechen kann, kann kein Sinn auch nur irgendeine Information über das tatsächliche Objekt der übertragenen Qualitäten übermitteln. Wenn sich die Information »Apfel« bereits im Raum unseres Bewusstseins befindet, jedoch genau genommen nie durch eine der zu diesem Raum führenden Türen gekommen ist, dann kann die Antwort auf die Frage nach dem Ursprung dieser extrem wichtigen Information nur jene sein, dass unser kleines grünes Männlein sie hinzugefügt hat. Von Informationen überflutet gelingt es ihm, dies alles mittels des einzigen Begriffes »Apfel« zu entwirren. Es fährt fort damit, all jene durch die Türen eingeworfenen Briefe zu sammeln, und nennt das Ganze »Apfel«, was schließlich diese überbordende Korrespondenz in einen Zustand der Ordnung versetzt. Somit wird ein Apfel als bloßes Konstrukt unseres Bewusstseins entlarvt – das kleine grüne Kerlchen ist schließlich doch nur ein Tüftler, der mit einem Heimwerkerbaukasten voller Sinneseindrücke spielt. Das Problem dabei besteht darin, dass unser kleiner grüner Mann nach vielen Jahren einer solchen Routine (und zwar nicht nur in diesem Leben laut buddhistischer Philosophie) ganz sicher vergessen hat, dass dieser Apfel seine eigene Hinzurechnung ist, die nicht zwangsläufig irgendein Äquivalent dort draußen in der Welt hat. Aus diesem Grund – und das mag für manche überraschend sein – ist ein Apfel nicht, wie wir vorher angenommen hatten, die Ursache unserer Sinneswahrnehmungen, sondern das Gegenteil, er ist ihre Wirkung. Nachdem viele einzelne Teile unserer Sinneswahrnehmungen an unser Bewusstsein vermittelt worden sind, werden sie zusammengesetzt und als »Apfel« etikettiert. Erst im Anschluss daran sind wir in der Lage, ein Objekt wahrzunehmen, welches bereits ein Produkt unseres Geistes ist, und eben nicht etwas komplett Äußerliches, das vom Geist unabhängig wäre.

»Das ist doch nicht wahr!«, mag es jetzt aus Ihnen herausschreien. »Der Apfel muss sich doch außerhalb des Bewusstseins befinden, um von ihm wahrgenommen werden zu können.« Ich möchte mir dennoch die Freiheit herausnehmen, Ihnen zu widersprechen – wenn der Apfel sich außerhalb befände und mittels unserer Sinne wahrgenommen würde, lassen Sie mich hier nochmal meine Frage wiederholen: Wie, durch welchen Sinn, erreicht uns die Information »Apfel«?

»Also gut«, mögen Sie jetzt sagen, »aber ich kann den Apfel dennoch außerhalb von mir sehen. Ich bin nicht dieser Apfel.«

Das stimmt, Sie können den Apfel da draußen sehen, jedoch nicht, weil er wirklich dort draußen ist,

Die ganze Welt ist Geist

sondern weil er auf diese Weise dargestellt wird. Es ist unser Bewusstsein, das einen Apfel als ein externes Objekt konstruiert. Der Apfel ist das Bild eines externen Objektes, aber *innerhalb unseres Bewusstseins* – das kleine grüne Männlein durchstöbert den Stapel von Briefen, die es selbst sortiert hat. Ein Teil unserer Erfahrung wird als »innere« Erfahrung konstruiert und so wahrgenommen. Ein anderer Teil wird als »äußere« Erfahrung konstruiert und entsprechend wahrgenommen, aber es ist immer die Erfahrung unseres Bewusstseins beziehungsweise innerhalb unseres Bewusstseins. Wenn wir also einen Apfel außerhalb von uns sehen, sehen wir eigentlich unseren eigenen Geist beziehungsweise einige Effekte seiner präzisen und arbeitsamen Aktivität.

Aber wie ist das nun mit unseren Sinnen? Sind sie denn nicht der beste Beweis für die Existenz einer äußeren Welt, zumal es sich ja hier um jene Mittel handelt, anhand derer wir die Impulse von der Außenwelt empfangen? Nun, auch das nicht wirklich, insbesondere wenn wir die ganze Angelegenheit aus dem Blickwinkel der Erfahrung von Bewusstsein untersuchen, also durch die Augen des kleinen grünen Männleins. Es empfängt lediglich Briefe, hat aber keinen direkten Zugang zum Absender und muss sich diesen auf Basis des Schriftverkehrs vorstellen. So verhält es sich mit unserem Bewusstsein, es tritt niemals mit dem Objekt selbst in Kontakt, stattdessen verwendet es Nervenimpulse von Sinnesorganen, die dann später zum Beispiel als süßer Geschmack interpretiert werden. Die Wahrnehmung von süßem Geschmack ist nicht mehr als eine Interpretation der Information über das stimulierte Sinnesorgan, sie ist jedoch keineswegs die Injektion, sozusagen einer bestimmten Qualität der Frucht in das Bewusstsein selbst. Die Tatsache, dass Süße keine dem Apfel inhärente Qualität ist, war den alten Griechen wohl bekannt, welche so wie die buddhistischen Philosophen festgestellt hatten, dass Honig im Mund einer kranken Person bitter schmeckt. Wenn wir in der Lage wären, unabhängig von uns selbst die Qualitäten eines Objektes wahrzunehmen, das ebenfalls unabhängig von uns ist, und nicht nur unsere Interpretationen, Bilder und Konstrukte (nennen Sie es, wie Sie wollen), dann sollte jeder, ob krank oder nicht, süßen Geschmack auf dieselbe Weise empfinden.

Aus der Perspektive des wahrnehmenden Bewusstseins betrachtet, steht dieses mit seinen eigenen Bildern von Objekten, die als äußerlich interpretiert werden, in Kontakt. Mehr nicht. Bewusstsein steht nicht mit äußerlichen Objekten als solchen in Verbindung, jene (vermeintlich) unabhängig existierenden Objekte springen nicht etwa in unser Bewusstsein (einen Elefanten wahrzunehmen, würde reinen Selbstmord bedeuten), dennoch braucht das Bewusstsein ein Bild vom Objekt, ganz so wie für das kleine grüne Männlein in unserem Raum ein Brief vonnöten ist. Die Tatsache, dass wir Bilder von Objekten als äußerliche Objekte interpretieren, bedeutet nicht, dass sie außerhalb des Bewusstseins existieren. Wenn es Ihnen schwerfällt, hier zuzustimmen, und Sie darauf bestehen, dass das Bewusstsein Bilder verwendet, die ganz einfach äußere Objekte repräsentieren, welche damit perfekt übereinstimmen und uns noch dazu erlauben, jene Bilder wahrzunehmen, dann erklären Sie mir doch bitte, wie Sie sich da nur so sicher sein können? Solch eine Gegebenheit würde zuerst voraussetzen, dass es gewisse Repräsentationen gibt, und weiterhin, dass wir in gegenstandslosem Kontakt mit dem repräsentierten Objekt stehen, welche wir mit seiner Repräsentation vergleichen können, um die Richtigkeit unserer Wahrnehmung zu verifizieren. Aber wir sind einem Zirkelschluss erlegen, wenn wir wie auch immer in gegenstandslosem Kontakt mit einem Objekt stehen. Wozu brauchen wir dann seine Repräsentation? Und wenn wir auf ein Objekt nur mittels seiner Repräsentation Zugriff haben, weil die Dinge nicht in das Bewusstsein hinein springen, dann ist alles, was noch übrig bleibt ... die Repräsentation. Dinge »existieren nicht als äußerlich und von dem Bewusstsein getrennt, welches sie erkennt«, wie der 3. Karmapa sagt. Sie sind tatsächlich Repräsentationen in unserem Geist. Wenn Sie mir noch immer nicht glauben, nehmen Sie vom wahrgenommenen Objekt das weg, was vom Bewusstsein in das Objekt hineininterpretiert wurde, mit anderen Worten, entfernen Sie die unverdächtige, jedoch signifikante Hinzufügung »Apfel«, die von dem kleinen grünen Mann hinzugefügt wurde. Lassen Sie auch noch die ganze Interpretation aufgrund der Stimulation der Sinnesorgane beiseite, also sämtliche Briefe, die seine Attribute betreffen. Und was bleibt übrig? Können Sie noch immer ein Objekt oder zumindest seine objektiv existierende Natur irgendwo dort draußen erkennen? Oder vielleicht etwa nicht? Vielleicht ist sie schon leer? »Alle Erscheinungen sind dein eigener Geist. Die Wahrnehmung von äußeren Objekten ist ein irreführendes Konzept. Sie sind leer wie ein Traum – ohne Essenz.«

Der letztendliche Beweis für die Existenz eines äußeren Objekts ist dessen Wahrnehmung – sagt Dharmakirti, oder ein bisschen allgemeiner formuliert, dessen Erkenntnis. Darum kann ein Objekt nicht von unserer Erkenntnis desselben losgelöst werden; es wird immer ein bekanntes Objekt sein, ein Objekt im Rahmen der Bedingungen dieses Erkennens. Dies erlaubt uns allerdings nicht, auch nur irgendetwas über die Realität selbst zu sagen, welche vermeintlich vom Erkennen unabhängig sei. Zu behaupten, dass Dinge genau so seien und nicht anders, unabhängig davon, ob wir sie erkennen oder nicht, würde bedeuten, sie zu erkennen, ohne sie zu erkennen, und das, so wage ich anzumerken, ist ein äußerst suspekter Weg, um überhaupt irgendetwas zu erkennen.

Die ganze Welt ist Geist

Eine anschauliche Illustration für die grundlegende Fragestellung buddhistischer Philosophie, die hier in diesem Kapitel diskutiert wird, ist eine Geschichte von zwei Männern, die eine Auseinandersetzung über Fliegen hatten. Einer von ihnen behauptete, dass Fliegen allgegenwärtig seien, während der andere darauf beharrte, dass sie nur dort durch die Lüfte schwirren würden, wo sich Menschen aufhielten. Um ihrer Auseinandersetzung auf den Grund zu gehen, schlug einer der beiden vor, in die Wüste zu gehen. Schon bald fanden sie ein totes Kamel, das von einem Schwarm Fliegen verspeist wurde. »Siehst du?«, rief der erste Mann, »nicht eine einzige lebendige Seele soweit das Auge reicht, aber dermaßen viele Fliegen!« Der andere Mann erwiderte jedoch mit einem selbstgefälligen Lächeln, dass natürlich er selbst im Recht sei. Zumal, soweit das Auge reiche, seien dort nicht mehr und nicht weniger als genau zwei Menschen! Einer von ihnen jedoch sei eher ein *erectus*, während der andere eindeutig mehr *sapiens* sei. Nun mag man vermuten, dieses Dilemma ließe sich leicht aufklären, indem man eine Videokamera neben das verwesende Kamel platziert. Die Kamera würde die ganze Situation auf Band festhalten und im Anschluss daran die Realität entlarven, wenn wir uns die Aufnahme anschauen. Und genau das ist nun der Moment, in dem wir uns das Video ansehen. Noch bis kurz vor dem Moment, in dem wir es gesehen hatten, blieb es ungewiss, ob die Fliegen die Hauptrolle übernehmen werden oder nicht. Nachdem wir jetzt das Video kennen, stellen sich die Inhalte unseres Wissens jedoch erneut als die Inhalte unseres Wissens dar; sie sind in keinster Weise davon losgelöst. Selbst wenn wir tatsächlich den Fliegen-Actionfilm *Das wilde Zerfleischen des Kamels* gesehen hätten, wären wir noch immer nicht in der Lage gewesen zu sagen, dass wir wirklich gewusst hätten, wie die Dinge abgelaufen waren, ohne dass wir sie in Erfahrung gebracht hatten. Wir hatten soeben erkannt, wie die Dinge unabhängig von Erkenntnis gewesen waren, wobei es sich jedoch erneut um eine gewisse Art von Erkenntnis handelte. Genau genommen waren wir also einmal mehr unfähig gewesen, ohne Erkenntnis davonzukommen.

Unser Wissen darüber, wie die Welt auszusehen habe, wurde nicht ohne Wissen erlangt, eben genau weil es Wissen ist, also Erkenntnis. Wenn wir tatsächlich wissen könnten, wie die Dinge sind, ohne sie in Erfahrung gebracht zu haben, dann müssten wir auch die Inhalte des Videos schon kennen können, ohne es vorher angeschaut zu haben. Aus welchem Grund würden wir denn für ein Kino-Ticket zahlen, außer um den Film zu sehen? Die Videokamera ist unser Mittel, um jene Situation in der Wüste kennenzulernen; wenn wir irgendetwas über die Fliegen wissen, dann bedeutet dies ebenfalls, dass sie sich irgendwo innerhalb des Feldes unserer Wahrnehmung befunden haben, das zweifelsohne durch die

Kamera erweitert wurde. Dennoch befinden sich die Fliegen immer noch innerhalb des Feldes unserer Wahrnehmung, das Feld aber kann nie von der Wahrnehmung selbst abgelöst werden, aus dem einfachen Grunde, dass es immer ein Feld der Wahrnehmung und nicht ein Feld der Nicht-Wahrnehmung ist.

Es ist so gut wie unmöglich aufzuzeigen, dass Gegenstände unabhängig vom Erkennen seien. Auch nicht, ob sie in dieser Unabhängigkeit wirklich existieren, denn um das in Erfahrung zu bringen, müssten wir sie zuerst erkennen. Diese simple Tatsache ist irreduzibel, und es macht keinen Sinn, sich über Gegenstände zu unterhalten, als wären sie vom Erkennen unabhängig. Wie sollte man denn Dinge nur erkennen, ohne sie wirklich zu erkennen? Selbst wenn sie existierten, wären wir nicht in der Lage, sie in ihrer Unabhängigkeit vom Erkennen wahrzunehmen, schon aus dem einfachen Grund, dass sie davon unabhängig sind. Ein buddhistischer Philosoph schaut auf dieselbe Welt wie jeder andere auch, aber was ihn von den anderen unterscheidet, ist seine Ansicht über den Status des Wahrgenommenen. Er behauptet, dass die Welt, die wir wahrnehmen, und der Geist untrennbar seien. Genau deswegen werden wir niemals wissen, ob die Welt, die wir jetzt sehen, anders erscheinen würde, wenn sie sich außerhalb unserer Wahrnehmung befände. Zu behaupten, dass die Welt genau die gleiche sei, auch wenn sie nicht von uns wahrgenommen würde, ist in etwa so simpel wie zu behaupten, dass Fliegen existieren, wo keine Menschen sind. Wenn wir die Welt erkennen, dürfen wir nicht behaupten, dass sich soweit das Auge reicht, kein einziger Geist befinden würde, der sie erkennt. Deswegen dürfen wir nicht glauben, dass die Welt sich innerhalb der Erkenntnis in ihrer Unabhängigkeit vom Erkanntwerden darstellt.

Hier folgt nun ein populäres Argument, das vom fehlenden Verständnis des gesamten Problems herrührt, nämlich: »Aber die Welt verschwindet doch nicht, bloß weil wir unsere Augen schließen, nur um wieder zu erscheinen, sobald wir sie öffnen.« Natürlich nicht, zumal das Argument selbst schon die trügerische Sicherheit in Bezug auf das unterstellt, was mit der Welt passiert, wenn sie nicht wahrgenommen wird! Jene Gewissheit, dass sie immer noch da sei, wenn sie nicht wahrgenommen wird. Wie ließe sich überhaupt je herausfinden, ob sie weg wäre, wenn in dem Moment keine Wahrnehmung stattfinden würde? Eine andere Möglichkeit, dasselbe Argument zum Ausdruck zu bringen, ist: »Richtig, aber der Stuhl, auf dem ich jetzt in genau diesem Raum sitze, ist derselbe Stuhl wie derjenige, auf dem ich letzte Woche gesessen habe. Er ist nicht während der Zeit, als ich weg war, verschwunden, nur um in dem Moment, als ich die Tür eine Woche später wieder geöffnet habe, wieder zu erscheinen. Auf jeden Fall kann ich den Raum jetzt verlassen und einen Freund bitten, hineinzugehen und nachzuschauen, ob sich der Stuhl noch dort befindet, obwohl er nicht von mir wahrgenommen wird.« Zuerst einmal wird der Freund nur die Tatsache bestätigen, dass der Stuhl gemäß seiner eigenen Wahrnehmung existiert; also nochmals, es wird nicht möglich sein, über den Stuhl irgendetwas zu sagen, das unabhängig von Wahrnehmung ist. Des Weiteren bedeutet die Tatsache, dass ich genau auf den Stuhl rückschließen kann, der die ganze Woche ohne mich überlebt hat, nur, dass er erkannt wird und dass seine Existenz im Sinne meiner Wahrnehmung bewiesen ist, nicht notwendigerweise sensorisch. Das Missverständnis besteht darin, dass wir das Erkennen und die Wahrnehmung nur in visuellen Begrifflichkeiten verstanden hatten, was die Idee von Erkenntnis signifikant beeinträchtigt. Diese Philosophie ist nicht dazu da, um irgendjemanden davon zu überzeugen, die Welt verschwinde, wenn sie nicht wahrgenommen wird, zumal diese Behauptung genauso bodenlos wäre wie jede beliebige Position, die wir in Bezug auf das Dasein als solches einnehmen könnten. So oder so würden wir zu weit gehen, wenn wir autoritäre Urteile in Bezug auf das, was unabhängig vom Wissen geschieht, zum Ausdruck bringen. Bei der Behauptung, dass die Welt nur Geist sei, scheint es sich um eine moderate und ziemlich sichere Annahme zu handeln: Wir können uns nur über Dinge austauschen, die wir erkannt haben, während es absolut sinnlos ist zu erwägen, was in Abwesenheit vom Erkennen geschehen könnte.

Es bedeutet einfach, dass wir niemals wissen werden, wie eine Welt aussehen würde, die nicht erkannt worden ist, wobei es sich letztendlich um nichts Außergewöhnliches oder Revolutionäres handelt. Anders ausgedrückt ist die Welt, die wir erkennen, nichts anderes als die erkannte Welt, unabhängig von dieser Erkenntnis. Wessen Vorschlag scheint also absonderlicher: jener der buddhistischen Philosophie, die suggeriert, dass man die Welt, die wahrgenommen wird, per definitionem nicht von dem Geist, der sie wahrnimmt, separieren kann, oder die Behauptung jener, die davon ausgehen, dass sie den Phänomenen, so wie sie in sich selbst sind, begegnen, in Abstraktion vom Prozess des Erkennens? Es gibt Phänomene, natürlich gibt es sie, aber nur als Gegenstände unserer Erkenntnis; sie sind vorhanden, insofern sie erkannt werden. Sie sind zugegen nur im Prozess des Erkennens.

Die Welt ist ein Konstrukt des Geistes. Dieses Konstrukt wird nicht nur durch nach außen projizierte Konzepte und durch den Mechanismus des Erkennens selbst kreiert, sondern auch einfach durch unsere Gefühle. Für gewöhnlich nehmen wir Gefühle viel zu ernst, denn sobald sie in unserem Geist erscheinen, fangen sie an uns zu sagen, was wir denn tun sollten, aber zur gleichen Zeit erliegen wir der Tendenz, die Auswirkungen, die sie auf die Realität um uns herum haben, zu unterschätzen, indem wir annehmen, dass sie zu unserer inneren Welt gehören würden und nichts mit der äußeren zu tun hätten. Wenn wir innere Gefühle allerdings ernst nehmen, werden sie alsbald zu unserer äußeren Realität werden, wie durch das folgende Beispiel anschaulich illustriert werden soll.

Angenommen, ich hätte eine Freundin (wem beliebt es nicht zu träumen?), und ich bin ein wenig, wirklich nur ein klein wenig, eifersüchtig. Nicht dass ich ihr nicht vertrauen würde – ganz im Gegenteil! Ich möchte nur sichergehen, dass alles in Ordnung ist, nur zu meiner Beruhigung. Nun, eigentlich ist es mein Freund, von dem ich hier erzählen wollte. Er hat eine Freundin, auf die er leicht, im Rahmen des Üblichen, eifersüchtig ist. Nicht dass er ihr nicht vertrauen würde – ganz im Gegenteil! Er möchte nur sichergehen, dass alles okay ist, nur um sein Gewissen zu beruhigen. Abgesehen davon gibt es keine Liebe ohne Eifersucht. Ich kontrolliere ... also, mein Freund kontrolliert, wann meine ... also seine Freundin Feierabend hat – sagen wir um 15 Uhr. Es dauert 5 Minuten, um von ihrer Arbeitsstelle zur Bushaltestelle zu gelangen. Der Bus kommt um viertel nach 3 und hält 15 Minuten später bei uns vor der Tür. Demzufolge sollte sie um halb 4 zu Hause sein. Es ist schon 17 Uhr, und sie ist noch nicht zurück. Wenn sie um diese Uhrzeit noch nicht zu Hause ist, muss es dafür einen Grund geben, und außerdem scheint dieser Grund wichtiger zu sein als ich ... als mein Freund, wollte ich sagen. Sie ist hübsch und intelligent ... nun, manche Frauen vernehmen das vielleicht lieber in umgekehrter Reihenfolge, also sie ist intelligent und hübsch, und ihre Kollegen auf Arbeit sind nicht alle weiblichen Geschlechts. Da kommt sie! Na endlich! Also gebe ich ihr Gelegenheit zu gestehen, indem ich sie ganz unschuldig frage: »Schatz, wo bist du denn gewesen?«, »Das Wetter war so schön, ich wollte einfach ein bisschen lustwandeln«, antwortet sie – was mich schlichtweg niederschmettert. Sie hätte wenigstens versuchen können, mir etwas Überzeugenderes anzubieten. Stattdessen wendet sie die primitivste Ausrede an! Das hätte sich nun wirklich jeder ausdenken können. Ich lasse sie wissen, äh ... mein Freund lässt sie wissen, dass er die Wahrheit kennen würde, und gibt ihr einen Hinweis darauf, was wirklich passiert sei, zusammen mit einem passenden Foto des Verdächtigen. Sie gibt es nicht zu, obschon sie damit die Situation noch schlimmer macht, indem sie eine weitere aussichtslose Lüge zur Sammlung ihrer schändlichen Taten hinzufügt.

Am nächsten Tag, nur um ihren Schwindel schwarz auf weiß zu belegen, lauere ich ihr mit einem Fernglas hinter einem Gebüsch in der Nähe der Bushaltestelle auf, von der aus sie für gewöhnlich nach Hause fährt. Wie es das Glück will, entdeckt mich meine Freundin hinter diesem Gebüsch in der Nähe der Bushaltestelle genau in dem Moment, als ein unerwarteter Windstoß sämtliche Laubblätter hinfort bläst, sodass ich in Hockstellung bloßgestellt werde. Und obwohl ich mir alle Mühe gebe zu erklären, dass ich plötzlich eine ornithologische Leidenschaft entwickelt hätte und die örtliche Population der Strauße untersuchen würde, die in der Nähe von Bushaltestellen nisten, nimmt sie es mir nicht ab, und so bestraft sie mich den ganzen Abend mit Stillschweigen, und es sieht so aus, als ob wir noch ein paar weitere Abende auf diese Weise verbringen werden, weil meine Liebe, im Sinne von Eifersucht, wirklich groß ist.

Schließlich wird meine Freundin eines Tages auf dem Weg nach Hause von einem ihrer Kollegen auf einen Kaffee eingeladen. Natürlich ist sie nicht besonders begierig, sofort nach Hause zu eilen, zumal sie ohnehin weiß, was sie dort erwartet, und abgesehen davon hat es schon so viele Auseinandersetzungen darüber gegeben, mit wem sie sich herumtreiben würde, dass sie genauso mit diesem Typen etwas trinken gehen kann. Nach einem kurzen Plausch erfährt sie eine kognitive Dissonanz: Obschon dort eindeutig ein Mann vor ihr sitzt, verhält er sich ziemlich normal. Er ist locker, er reißt einen Witz von Zeit zu Zeit … was für ein netter Kerl. Ein starker Kontrast erhebt sich zwischen dem zu Hause wartenden Neandertaler und dem Typ von der Arbeit. Kein Wunder, dass die Idee, nach Hause zu gehen, immer abstrakter wird. Ebenso wenig verwunderlich ist, dass diese ganze Situation eine Adressänderung für meine Freundin, sozusagen meine zukünftigen Ex-Freundin, zur Folge haben kann. Und was würde ich sagen, wenn das tatsächlich geschehen sollte? Nein, ich werde nichts sagen, ich werde einmütig mit meinem Freund zusammen schreien: »Ich habe es gewusst! Schon vor zwei Monaten! Ich habe schon seit dem ersten Tag ihres Einzugs Lunte gerochen!«

Auf diese Weise materialisiert sich mein Gefühl in Begleitung eines Konzepts in der Außenwelt. Das Problem besteht darin, dass ich davon keine Ahnung habe und dass ich noch nicht mal begreife, dass was auch immer in meinem Geist ist, sich früher oder später in meiner Welt manifestieren wird. Trotzdem bin ich vollends überzeugt, dass ich Recht hatte – ich war von Anfang an schon ziemlich misstrauisch und *voilà*, meine Verdachtsmomente stellten sich als berechtigt heraus. Ich sollte meiner Intuition noch ein wenig mehr vertrauen, obwohl sie ein weibliches Wesensmerkmal ist und man ihr genau aus diesem Grund nicht trauen kann.

In jeder zukünftigen Beziehung werde ich also verpflichtet sein, eine noch stärkere Tendenz zu haben, Ereignisse zu kontrollieren, was dann, diesmal noch früher, zu einer weiteren Trennung führen und mich in meiner Überzeugung, dass Frauen doch sowieso alle gleich sind, bestätigen wird, sodass ich in Zukunft supervorsichtig sein muss, und so weiter und so fort. Unsere Projektionen werden zu unserer Realität, die – aus genau dem Grund, dass wir nicht wissen, dass wir diese Realität kreiert haben – unsere früheren Vorstellungen von der Realität zu bestätigen scheint. Und wenn unsere Ideen auf diese Weise bestätigt werden, werden sie erst recht noch umso stärker auf die Welt projiziert, welche sich einmal mehr in eine Materialisierung dieser Projektionen verwandelt, und so vervollständigt sich dieser Kreis, und das Rad dreht sich schneller und schneller.

Der Sanskrit-Begriff für Rad lautet *Samsara*. Samsara ist aus diesem Grund nicht der Ort, wo unerleuchtete Wesen verenden, wie man fälschlicherweise annehmen mag: Es ist deren Geist, eine unerleuchtete Art und Weise, die Welt zu erleben, ohne zu wissen, dass dieses Erleben nur Geist ist. Diese Wahrheit – wie jede andere Wahrheit – begrenzt uns, wenn sie nicht erkannt wird. Aber sie verwandelt sich in Freiheit und Freude, sobald wir das verstanden haben. Schwer zu glauben? Werfen wir doch einen Blick in das nächste Kapitel.

5.
Die Sichtweise ist entscheidend
Ein Wort vom Nutzen der Leerheit

> *Die Welt ist ein kosmischer Scherz des Raumes.*
> Lama Ole Nydahl

Stellen wir uns einen Morgen mitten unter der Woche vor, an dem wir, aus welchem Grund auch immer, zu spät zur Arbeit erscheinen. Das Erste, was wir bei Ankunft vor Ort zu Ohren bekommen, ist, dass uns der Chef bereits in seinem Büro erwarte. Wir werden auf den roten Teppich bestellt (natürlich ein *roter* Teppich, um den Ort der Exekution besser zu imitieren). Aber wir … haben natürlich schon ein paar altbewährte Ausreden in petto:
1. Wir werden so schlecht bezahlt, dass es geradezu wie ein Wunder anmutet, dass wir diese Woche überhaupt zur Arbeit erscheinen;
2. Unser Job ist dermaßen langweilig, dass es sich eigentlich um einen Akt unseres Wohlwollens handelt, wenn wir keine Schadensersatzansprüche für unsere moralischen Einbußen verlangen;
3. Das Wetter ist so schlecht, dass wir tatsächlich unser Leben aufs Spiel gesetzt haben, um unseren vertraglichen Verpflichtungen nachzukommen;
4. Wir hatten so eine angenehme Gesellschaft im Bett, dass es als das größte Opfer verstanden werden sollte, das je auf dem Altar der Arbeit geopfert worden ist, sie/ihn allein gelassen zu haben.

Wenn es irgendjemanden auf dieser Welt gibt, der nicht in der Lage ist, die überwältigende Konsistenz dieser soliden Argumente zu erkennen, dann wird das sicherlich – was für ein Zufall! – unser Boss sein. Wir beurteilen die unvorteilhafte Lage ganz nüchtern und lassen von nun an jenen urzeitlichen Überlebensinstinkt, der doch so typisch für jedes fühlende Wesen ist, für uns arbeiten. Auf dem Weg in die Höhle des Löwen leihen wir uns von einem Freund noch einen Motorradhelm aus und treten, hinter einem kugelsicheren Aktenkoffer Deckung suchend, in das Büro ein. Unsere defensive Haltung bestätigt jedoch nur unsere Schuld und zudem noch die Meinung, die unser Chef ohnehin schon von uns hat. Obwohl beiden Seiten diese Meinung vertraut ist, entscheidet er sich, sie zum wiederholten Male zu verkünden. Die Eindeutigkeit seiner Mitteilung im Auge behaltend, erhebt er seine Stimme und spricht laut genug, um selbst den Motorradhelm zu durchschneiden. Er verwendet Gebärdensprache, um die stichhaltigeren Argumente mit der Geste seiner Faust noch hervorzuheben. Danach gehen wir auseinander – leider nicht im freundschaftlichen Einvernehmen, was zwischen einem Sadisten und dessen Opfer ohnehin nicht möglich ist. Ergebnis: zwei Individuen mit einem negativen Geisteszustand (welche dennoch mit einem schwachen spirituellen Band verbunden sind, da sie beide nun dasselbe tun und fühlen: Beide sitzen an ihrem Schreibtisch und denken: »Was für ein Idiot!«). Aus buddhistischem Blickwinkel betrachtet, rührt das negative Ergebnis der gesamten Situation nicht von der Tatsache her, dass sie immanent schlecht ist, sondern eher von der Tatsache, dass sie nicht richtig erlebt worden ist. Und dieses trügerische Erleben entsteht dadurch, dass wir die gesamte Situation für vollständig real halten. Als Folge davon, dass wir sie so beurteilen, wird sie als schlecht eingestuft.

Wie sollten wir sie denn nun aber erleben? – mag man sich fragen. Das ist es! Wir können die Situation wie in dem obigen Beispiel entweder »normal« erleben oder auf buddhistische Weise, wenn ich hier solch einen Widerspruch einmal einsetzen darf. Wohlan, was hat es also mit dieser buddhistischen Art und Weise, die Welt wahrzunehmen, auf sich? Wenn unsere gewöhnliche, realistische Lebenseinstellung zumindest bis zu einem gewissen Grad ausbalanciert wurde durch die grundlegenden Belehrungen der idealistischen, buddhistischen Philosophie, welche die Welt als traumähnlich beschreiben, dann besteht zumindest die geringe Wahrscheinlichkeit, dass neben Nervosität auch ein wenig Raum für Leichtigkeit in unserem Geist aufscheinen konnte, gerade genug, damit wir mit einem unschuldigen Lächeln anstelle des Motorradhelms im Büro unseres Chefs auftauchen konnten. Träume sind nicht wirklich, und selbst schauerliche Träume können uns nichts anhaben, sofern wir sie nicht ernst nehmen, indem wir für eine Weile vergessen, dass es sich doch bloß um Träume handelt. Und weil sie nicht so real sind, wie wir für gewöhnlich annehmen, lassen sie sich aufgrund ihrer leeren Natur verändern. Es liegt nur an uns selbst, den durch die Leerheit zur Verfügung stehenden Spielraum bei einer schwierigen und unangenehmen Situation geschickt einzusetzen.

Bevor unser Chef seinen Mund öffnet (obwohl »Maul« hier eigentlich angebrachter erscheint), um seinen Analysen von unserer Persönlichkeit Ausdruck zu verleihen, könnten wir ihm – als wäre nichts gewesen – spontan den besten Witz erzählen, der uns in den Sinn kommt. Unser Chef erwartet offensichtlich solch ein Manöver nicht, also werden wir ihn erstens überraschen, und zweitens könnte er sogar in schallendes Gelächter ausbrechen. Schließlich wird er feststellen, dass »wir hier nicht zum Witze reißen sind«, aber sein Zögern wird uns die Möglichkeit eröffnen, den Schwung aufrechtzuerhalten:

»Ich habe vor Kurzem in der Stadt Ihre Frau gesehen. Was für eine hinreißende Dame sie doch ist! Wie haben Sie nur ihr Herz erobert? Sie sind ein wahrer Held, Chef« – dies wird ihm zwei ausschlaggebende Informationsschnipsel zur Verfügung stellen. Zuerst hört er von uns, wie wunderschön seine Frau sei, was er schon lange vergessen hat und was keinesfalls bestritten werden kann. Des Weiteren erzählen wir ihm, was für ein Held er doch sei, was er schon lange vermutet hatte, und er ist erfreut zu hören, dass es nun endlich jemand bemerkt. Nach einem Moment des Nachdenkens über seine Frau und sich selbst wird er sich erneut besinnen, jedoch nicht schnell genug, um wieder Kontrolle über die Situation zu gewinnen:

»Übrigens, gestern hatte ich einen Kunden, der so zufrieden mit unserem Service war, dass er mir eine Box mit edlen Pralinen übergeben hat. Ich muss auf meine Figur achten, aber Sie können sie haben ... vielleicht für Ihre Frau?«

Wie zu erwarten ist, wird die erste Reaktion unseres Chefs »nein« lauten, obwohl sein Herz etwas anderes sagen wird, aber nach einer erneuten Chance, dasselbe zu denken wie zu tun, wird er das Geschenk schließlich doch annehmen (letztendlich kann kein echter Mann Schokolade widerstehen, abgesehen davon geht es uns nichts an, dass seine Frau auf Diät ist).

Nun können wir unseren Chef um einige positive Eindrücke bereichert seinen Gedanken überlassen, die wohl das Letzte waren, was er auf jener Arbeitsstelle erwartet hätte, wo wir uns den Allerwertesten aufreißen. Diese positiven Eindrücke werden der anfänglichen Haltung unseres Chefs in Bezug auf uns für einen Moment entgegenwirken, aber schließlich wird er, seinen Kopf stützend, dennoch verlautbaren: »Nun, Johannes, dann lass mich mal allein ... oh, und komm mir ja nicht wieder zu spät!«[11]

---

11 Ich möchte mich bei allen buchstäblichen Johannessen entschuldigen. Ich habe absolut gar keine Intention, zu unterstellen, dass Ihr jemals zu spät zur Arbeit kommt. Unter uns gesagt, ich kam schon mehrere Male zu spät zur Arbeit, würde es aber doch vorziehen, meinen Namen hier nicht zu erwähnen, damit mein Chef das nicht gegen mich verwenden kann.

Die Sichtweise ist entscheidend

So sind wir nun also nochmal mit heiler Haut davongekommen ... mit Schokolade. Wir haben gerade den Zwischenspeicher unseres irritierten Chefs aufgefüllt, ziemlich überraschend und zu seinem eigenen Wohlbefinden. Nun mag er auf die Pralinen schauend und in seine eigenen Gedanken versunken zu sich sagen, dass dieser Johannes »obwohl er zwar ständig zu spät kommt, doch eigentlich ein ganz netter Kerl ist. Zuerst konnten wir wie richtige Kerle zusammen Witze reißen, dann sind wir total mannhaft über die Weiber hergezogen, und zum Schluss haben wir sogar noch wie wirkliche Helden echte Pralinen verspeist«.

Obwohl ich zwar niemals von einem Diamant-Zwischenspeicher-Sutra gehört habe, bin ich mir ziemlich sicher, dass die oben beschriebene Methode total buddhistisch ist, weil sie schließlich die ganze Situation in das komplette Gegenteil verwandelt hat: zwei Menschen mit guten Eindrücken im Geist. Und genau das ist letztendlich relevant – ein positiver Eindruck im Geist, der sowohl für andere als auch für uns selbst ein Geschenk sein kann. Manche mögen jetzt behaupten, dass wir kein ehrliches Spiel gespielt hätten, weil wir den Teufel auf die Schippe genommen haben; noch dazu nur um unsere eigene Haut zu retten, dass wir unserer Verantwortung ausgewichen seien und den Kodex des Arbeitsethos verletzt hätten. Aber das ist gar nicht der Fall! Genau genommen, was wäre denn besser: das sich über mehrere Arbeits-

Ein Wort vom Nutzen der Leerheit

stunden ausdehnende Herzklopfen eines cholerischen Chefs und die damit einhergehende Identifikation mit diesem Dreckskerl zu Ehren des Arbeitsplatzes oder ein Scherz, durch den es uns gelingt, die negativen Gefühle zu transformieren, die im Buddhismus als Geistesgifte aufgefasst werden? Niemandem wurde hier ein Bein ausgerissen – der Witz war gut, die Schönheit der Frau des Chefs unbestreitbar, er selbst ist schließlich doch kein schlechter Kerl, nur überarbeitet und total gestresst, und zudem kam hier sogar noch die Schokolade quadratisch und praktisch daher. Wenn unsere Motivation eigentlich darin bestand, hier eine ganze Menge negative Gefühle zu vermeiden, die wir dann zusätzlich noch in ein paar Lacher verwandeln konnten, wenn wir zudem auch gewillt sind, unser Zuspätkommen wettzumachen, indem wir den Schreibtisch 20 Minuten nach Feierabend verlassen, dann könnte nur jemand mit kleinkariertem Geist und überhaupt gar keinem Sinn für Humor (übrigens, solche Leute gibt es nicht) hier noch ein Problem entdecken. Wir brauchen noch nicht mal die Tatsache zu erwähnen, dass beide Parteien ohnehin schon lange, bevor die Konversation überhaupt stattgefunden hat, wussten, dass Zuspätkommen eigentlich altmodisch ist, und beide hatten sowieso nur die besten Absichten, weswegen das ganze psychologische Drama gar keinen Sinn macht – eine einfache Mitteilung und Entschuldigung wären wohl gleichermaßen angebracht. Wir neigen jedenfalls häufig dazu, unsere emotionalen Ausbrüche zu entschuldigen, indem wir die äußeren Umstände dafür verantwortlich machen, was letztendlich schlechten Geschmack vermuten lässt und zu der Gewohnheit führt, in Bezug auf immer kleinlichere Situationen überzureagieren, was schließlich zu dem Lösungsansatz von jemandem führt, dessen Name mir entfallen ist, nämlich dass die beste Medizin gegen Kopfschuppen ... die Guillotine sei.

Wie auch immer, wir sind nicht hier zum Witze reißen, es ist Zeit für ein wenig Philosophie. Was beweist uns das alles eigentlich? Nun, 1. Leerheit ist nützlich, und 2. die Sichtweise ist entscheidend.

1. Angenommen, die Situation wäre nicht leer, soll heißen, sie wäre real und hätte unabhängig von uns selbst ihre eigene innere Bestimmung. Wenn sie real wäre, müsste sie entweder gut oder schlecht sein, weil sie natürlich nicht neutral erscheint. Wenn sie am Anfang allerdings schlecht zu sein schien, sich aber als Resultat einer Bearbeitung am Ende als gut herausstellte, dann war sie in sich selbst und unabhängig von uns vielleicht nicht determiniert, zumal sie doch eine derartige Plastizität aufwies. Die ganze Situation ähnelt in etwa einem Traum. Dies dient häufig als ein Beispiel, mit dem das buddhistische Verständnis von der Leerheit der Realität erklärt wird.

Diese leere Realität, gemäß dem, wie Leerheit definiert ist, ist frei von jedweder dauerhaften Essenz, welche immanent ihre Form definieren würde, darum ist sie auf ihrem Grundniveau nicht determiniert, wie ein Traum, der leicht in etwas vollkommen Anderes und Unvorhersehbares transformiert werden kann. Also ist Leerheit Indeterminiertheit, die wir uns bewusst zunutze machen können, und aus diesem Grund wird sie nützlich; wir können ihr dann die Form geben, die wir uns wünschen (natürlich leer, dies ist unvermeidlich).

Leerheit, oft missinterpretiert und verteufelt, ist nichts anderes als das Kräftespiel der Realität, das niemals in einer bestimmten Form verharren wird und uns darüber hinaus ermutigt, sich sein Potenzial zunutze zu machen, indem es jede Menge Freiheiten zur Verfügung stellt.

Manche mögen jetzt sagen, dass dies ein allzu optimistisches Szenario sei. Was wäre, wenn unser Chef den Witz nicht verstanden und gedacht hätte, dass wir uns über ihn lustig machen wollten; wenn seine Frau, die wir über den grünen Klee gelobt hatten, gestern sein Bankkonto geleert und ihn in der Nacht vor die Tür gesetzt hätte; und schließlich, was wäre, wenn wir der einzige Angestellte im gesamten Unternehmen wären, der nichts davon gewusst hatte, dass unser Chef unter fortgeschrittener Diabetes und obsessiver Lust auf Schokolade leidet? Das große Finale: Die Wut unseres Chefs wäre dreimal ärger gewesen, und dementsprechend hätte sich unsere Situation gestaltet.

Sogar in diesem Fall wird die buddhistische Philosophie noch einmal mehr bestätigt! Wenn es sogar möglich war, die Situation noch dermaßen signifikant zu verschlechtern, dann kann sie doch ursprünglich gar nicht so schlecht gewesen sein, wie wir vorher angenommen hatten. Da sie leer gewesen war, konnten wir sie bis zu einem gewissen, letztendlich sogar beliebigen Grad verschlechtern. Wenn die Situation von uns unabhängig und von Natur aus schlecht wäre, hätte die ursprüngliche Irritation die ganze Zeit über anhalten müssen, ganz unabhängig von unseren linkischen Handlungen. Die Verschlechterung der Situation wäre übrigens ein Beispiel dafür, wie sich Leerheit auf unprofessionelle oder ungeschickte Weise anwenden lässt. Wie kann man jedoch die Leerheit einer gegebenen Situation zum Besten aller nutzen? Dies erklärt sich folgendermaßen:

2. Die Sichtweise ist entscheidend. Wenn die Situation leer ist, das heißt innerlich nicht determiniert, bedeutet dies schlichtweg, dass wir ihr, ob willentlich oder unwillentlich, ob bewusst oder unbewusst eine Form geben. Die Resultate, die uns folglich erwarten, hängen von dem Blickwinkel ab, den wir beim Eintreten in eine Situation einnehmen.

So hat es sich in den beiden oben beschriebenen Fällen abgespielt. Wenn wir von Anfang an entscheiden, dass die Situation schlecht sei, dann sind wir daran gebunden, uns dementsprechend zu verhalten. Ohne dabei zu bemerken, dass es eigentlich unser eigenes Verhalten ist, das die Situation in Einklang mit dem Blickwinkel, dem zu folgen wir uns entschieden haben, beeinflusst. Und einmal mehr entpuppt sich die Welt, die leer ist, als unser eigener Geist. Die Eigennatur ihrer Leerheit und die Tatsache, dass sie durch unseren Geist erschaffen wird, sind wie zwei Seiten derselben Medaille. Sie ist genau darum leer, weil sie über keine unabhängige, permanente Natur verfügt und weil sie aus eben diesem Grund durch unseren Geist transformiert werden kann. Oder andersherum: Weil die Welt eine bloße Kreation unseres Geistes ist, beinhaltet sie keinerlei Essenz, die von ihm unabhängig wäre. Also ist sie leer.

Eine Situation, die leer ist, kann sozusagen nicht für sich selbst entscheiden, welche Form sie schlussendlich annehmen wird. Die Entscheidung darüber obliegt vollständig uns selbst, zumal die Situation nicht für sich selbst existiert, sondern eine Situation für den Geist ist und durch ihn erfahren wird. Gleichermaßen wird sie sich verändern, wenn wir unsere Wahrnehmungsweise verändern, die von der Situation nicht getrennt werden kann. Genau aus diesem Grund werden unsere Urteile schließlich real, wie wir zuvor bereits demonstriert hatten. Wir nehmen Situationen in Einklang mit unseren Urteilen wahr. Weil es unmöglich ist, die Realität vom Akt der Wahrnehmung zu trennen, bleibt der Realität, wenn wir nur hartnäckig genug sind, schließlich nichts anderes übrig, als mit der Art und Weise, wie wir sie wahrnehmen, übereinzustimmen. Dieser Mechanismus stellt seine Arbeit niemals ein, egal ob wir uns dessen nun bewusst sind oder nicht. Somit lohnt es sich an ihn zu erinnern, zumal wir ihn ohnehin die ganze Zeit beanspruchen.

Wenn wir annehmen, dass die Welt ein Traum sei, dann heißt das, dass alles sich darin Befindliche ultimativ verändert werden kann; wir werden uns dementsprechend verhalten, es umformen und damit spielen, wie es uns beliebt. Wenn wir dennoch anzunehmen pflegen, dass die Realität real sei, todernst und massiv, wird sie uns ganz sicher so vorkommen, nicht etwa, weil sie in sich selbst so wäre, sondern weil sie, zumal sie leer ist, einfach der von uns eingenommenen Perspektive entspricht. Sie mögen jetzt zwar sagen, das sei ein bisschen weit hergeholt, zumal doch jeder sehen könne, dass die Welt um uns herum ganz real sei. Richtig! Sie haben sich so entschieden, und aus diesem Grund nehmen Sie die Welt auf diese Weise wahr. Aber zahlt sich solch eine Einstellung wirklich aus? Müssen wir daran denn wirklich festhalten? Was hätten wir denn überhaupt zu verlieren, wenn wir diese allzu ernste Einstellung in Bezug auf die Realität aufgeben würden? Letztendlich fährt doch ohnehin alles damit fort, zu geschehen und wahrgenommen zu werden, obschon uns jetzt, nachdem erheblich Dampf vom Kessel gelassen wurde, zusätzlicher Raum für ein nicht unbedeutendes Gefühl von Freiheit zur Verfügung steht.

Die Leerheit der Phänomene zu realisieren, ist ein befreiendes Geschenk. Je mehr wir uns dessen bewusst werden, dass, was auch immer uns umgibt, ein Resultat von zusammengekommenen Bedingungen ist, desto leichter wird es festzustellen, dass es manchmal nur einer kleinen Veränderung bedarf, um den gesamten Verlauf einer Situation zu verändern (zum Beispiel den Gesichtsausdruck eines Märtyrers in ein glückliches Lächeln zu verwandeln, bevor wir in das Büro unseres Chefs eintreten). Die Veränderung der Situation wurde dadurch möglich, dass sie sich aus nichts anderem als aus eben diesen vorübergehenden Gegebenheiten zusammensetzte, anhand derer sich keine permanent determinierte Essenz ausmachen lässt. Wenn wir uns entscheiden würden, die Situation als schlecht wahrzunehmen, enthielte sie folglich auch nichts, was uns davor bewahren würde, sie auf diese Weise zu empfinden. Noch weniger enthielte sie etwas, das uns in die Lage versetzen würde, sie auf andere Weise zu betrachten. Unsere Sichtweise ist entscheidend, sie determiniert die Art und Weise, wie wir eine gegebene Situation erleben; von daher bestimmt sie auch, was für eine Situation wir kreieren, also letztendlich, wie die Situation schließlich zu sein scheint. Die Situation als solche ist leer, demzufolge kann sie uns nicht limitieren, es sei denn, wir wären damit einverstanden.

Die Problematik entscheidet sich anhand der Frage, ob wir schließlich in der Lage sind, die Freiheit zu nutzen oder nicht. Es reicht einfach nicht aus, nur theoretisch zu wissen, dass die Situation, in der wir uns befinden, leer ist. Nicht nur brauchen wir dieses Wissen, sondern auch ein wenig Leichtigkeit in unserem Geist, die es zum Beispiel möglich macht, dem Chef einen Witz zu erzählen, auch wenn wir ein bisschen angespannt sind. Allerdings bedarf es vorher der Fähigkeit, diese Freiheit zu verwenden. Im Alltag gewinnen die Gefühle oftmals die Oberhand, und wir verlieren schlicht das grundlegende *savoir-vivre* aus den Augen, ganz zu schweigen von der buddhistischen Philosophie. Ehrlich gesagt sind wir ohne diese Distanz zu den in unserem Geist entstehenden Emotionen und Bewertungen absolut unfähig, jene Freiheit anzuwenden, die mit den sich manifestierenden Situationen aufkommt. Wir erleben die Situationen üblicherweise unter dem Diktat der Gefühle und Urteile, die in einem unerleuchteten Geist über dessen grundsätzliche Freiheit siegen. Jedes nachfolgende Gefühl oder Konzept trachtet danach, unseren Geist zu verführen und Kontrolle zu erlangen, welche es dann aber ohnehin alsbald wieder abgeben muss, zumal es im Verlauf der Zeit sowieso wieder an Kraft verlieren wird, oder aufgrund eines neu auftauchenden, stärkeren Opponenten. Absolute emotionale oder konzeptuelle Autorität kann nur bis zu dem Moment versuchen, die Stellung zu halten, bis sie von einem anderen, »besseren« Absolutismus abgelöst wird; laut den buddhistischen Belehrungen spielt sich dieses Gerangel seit anfangsloser Zeit in unserem Geist ab. Und weil sich das Modell niemals als effektiv erwiesen hat, scheint es sich bei der erleuchteten Monarchie der buddhistischen Sichtweise um eine weit bessere Alternative zu handeln. Sie besagt, dass alles perfekt sei, bloß weil es geschehen kann. Und es kann geschehen, weil es leer ist, also frei und nicht determiniert, wie ein Spiel von Möglichkeiten, das von uns zum Nutzen aller Wesen verwendet werden kann. Und gleichzeitig, je mehr wir uns des unbegrenzten Potenzials bewusst sind, das jeder Situation innewohnt (notwendig leer und deshalb offen), desto mehr können wir es genießen. Die Monarchie einer solchen Sichtweise kann durch buddhistische Meditation etabliert werden, welche uns niemals unterdrückt oder unserer Gefühle beraubt noch unsere Urteilsfähigkeit vernebelt, wie oft behauptet. Sie schafft lediglich Distanz zu unseren Emotionen, die aber weiterhin wahrgenommen werden. Zudem befähigt sie uns, darüber hinwegzusehen, weil sie uns die Gelegenheit bietet, eine viel gesetztere Perspektive einzunehmen. Diese Einstellung führt zu weiteren besonnenen Entscheidungen, die nicht mehr von unseren für gewöhnlich überschwänglichen Emotionen geleitet werden, sondern nunmehr von der Intention, die Situation zugunsten des allgemeinen Nutzens zu verändern. So wird jede Situation letztendlich zu einem Umstand, von dem alle profitieren.

6.
Karma
Wir selbst bestimmen, was geschieht

> *Ohne ein Gegengift zu diesem Karma,*
> *selbst nach dem Hinscheiden eines endlosen Äons,*
> *wird die bis dorthin noch nicht gereifte Wirkung*
> *unversehrt zu Tage treten.*
>
> Gampopa

Nützliche Leerheit stellt dermaßen viel Spielraum zur Verfügung, dass die Frage aufkommen könnte, ob diese Leerheit nicht bloß eine an den Haaren herbeigezogene Interpretation sei, zumal der Buddhismus ja dem Karma eine Menge Aufmerksamkeit schenkt. Es handelt sich dabei um das Gesetz von Ursache und Wirkung, welches erläutert, dass alles, was wir erleben, ein Resultat unserer früheren Handlungen ist. Dem ersten Augenschein nach könnte dieses Gesetz wie die Deklaration eines unbeugsamen Determinismus anmuten, ganz gemäß dem, wie Karma oft missverstanden wurde. Dennoch machte Buddha geltend, dass all seinen Belehrungen der Geschmack von Freiheit innewohnt, und so sind vermutlich auch die Belehrungen über Karma letztendlich befreiend. Dem ist so, wenn wir Freiheit in einer Welt ohne einen Schöpfergott betrachten, dessen Existenz vom Buddhismus zurückgewiesen wird.[12]

Karma, als das Gesetz von Ursache und Wirkung, ist den Gesetzen der Physik ähnlich. Solange diese Gesetze unerkannt bleiben, limitieren sie uns, weil

---

12 Buddhismus erkennt zwar die Existenz des hinduistischen Pantheon an, aber kein Gott wird als Schöpfer der Welt betrachtet, zumal der Geist selbst eben genau jener Schöpfer ist.

wir ihnen ausgeliefert sind, ohne sie uns zunutze machen zu können. Zum Beispiel können wir nicht höher als einen Meter springen (trainierte Athleten schaffen vielleicht zwei), weil uns das Gesetz der Gravitation nicht mehr erlaubt. Wenn wir die Gravitation indessen verstanden haben und wir darüber hinaus noch ein paar weitere Gesetze der Physik kennen, können wir ein Raumschiff bauen und damit zum Mond fliegen, was andernfalls außerhalb der Reichweite unseres Sprunges läge. Was vorher noch unmöglich schien, erschließt sich uns in jenem Moment, in dem wir ein Wissen erlangen, das Möglichkeiten eröffnet, die bis dato noch nicht absehbar waren. Laut den buddhistischen Belehrungen ist es das Wissen, das uns befreit, und nicht der Glaube.[13] Darum bestand Buddha darauf, dass wir seine Belehrungen nachprüfen sollten, so wie man Gold prüft, bevor man es kauft. Es gibt keine Freiheit ohne Wissen, deshalb wurden uns die Belehrungen über Karma gegeben, die auf Begrenzungen hinweisen, um eben

---

13 Übersetzungen buddhistischer Texte beinhalten unglücklicherweise ziemlich häufig den Begriff »Glaube«, wobei es sich um eine unbegründete westliche Übersetzung des Wortes, das Vertrauen bedeutet, zu handeln scheint, zumal dieselben Texte aussagen, dass »Glaube« (Vertrauen) sich aus dem Erkennen von Ursachen und Wirkungen entwickeln würde. Womit wir es hier also eigentlich zu tun haben, ist Vertrauen, welches auf die Erfahrung und Prüfung dessen folgt, was man später akzeptiert. Deshalb sind buddhistische Belehrungen – es lohnt sich dies nochmals hervorzuheben – kein Objekt des Glaubens, sondern des Vertrauens.

Wir selbst bestimmen, was geschieht

diese begrenzte Situation verstehen zu können und uns in die Lage zu versetzen, sich davon zu befreien.

Das Gesetz von Karma macht deutlich, dass jede Handlung einen Eindruck in unserem Geist hinterlässt. Mittels dieses Eindrucks wird sie zur Ursache von zukünftigen Erfahrungen jener Art, die mit ihrer Ursache korrespondieren. Deswegen steht dieses Gesetz für Verantwortlichkeit, gesunden Menschenverstand und Freiheit. Verantwortlichkeit – weil wir keine höhere Autorität für unsere Missgeschicke beschuldigen können, zumal diese lediglich ein Resultat unserer vorherigen Handlungen sind; gesunder Menschenverstand – denn hinsichtlich der Tatsache, dass wir selbst bestimmen, was geschieht, sowohl jetzt als auch in Zukunft, wird uns nicht mehr daran gelegen sein, sich auf Handlungen einzulassen, die vermutlich zu Leid führen; Freiheit – weil wir, nachdem wir diese beiden ersten Punkte verstanden haben, jetzt anfangen können, wirklich zu bestimmen, was geschieht, was wir ohnehin schon immer taten, nur dass wir uns dessen nicht bewusst gewesen waren und deshalb die Suppe unserer Unwissenheit auslöffeln mussten.

Schauen wir uns das mal anhand eines einfachen Beispiels an. Wir überqueren eine Kreuzung bei Grün, und plötzlich knallt doch so ein Idi…, Verzeihung, so ein durchgeknallter Raser über die rote Ampel hinweg direkt in unser Auto hinein. Die Situation scheint ziemlich eindeutig. Unser neuer Bekannter ist schuld daran, sein Auto in unserem Auto geparkt zu haben. Wir würden sogar so weit gehen zu behaupten, es sei gänzlich seine Schuld, weil er es doch war, der die rote Ampel ignoriert hat. Auf der anderen Seite wissen wir auch, dass der Unfall nie passiert wäre, wenn wir nicht vor Ort gewesen wären, also wie wäre es mit 95 Prozent der Verantwortung auf ihn und die restlichen läppischen fünf auf uns? Indes blasen sich unsere fünf Prozent plötzlich wie ein Airbag auf 100 Prozent auf, wenn wir annehmen, wir hätten uns von vornherein aus der Situation herausgehalten. Dann wäre dieser Unfall doch niemals passiert. Genau deshalb teilen beide Parteien letzten Endes die volle Verantwortung. Natürlich fällt es schwer, dies zu akzeptieren; die übliche Ausrede würde darin bestehen, dass wir doch nicht wissen konnten, dass solch ein angetrunkener, farbenblinder Idiot über eine rote Ampel hinweg in uns hineinknallen würde. Schluss. Aus. Wir wussten es nicht, und Nicht-Wissen bringt keine Vorteile. Es ist die Unwissenheit, welche unsere Probleme verursacht, zumal wir den Delinquenten, wenn wir es gewusst hätten, einfach hätten passieren lassen können, oder wir hätten einen gänzlich anderen Weg eingeschlagen. Es liegt eindeutig an unserer Unwissenheit, dass wir in Situationen hineingeraten, die zu Leid führen, was wir dann später anderen in die Schuhe schieben. Die »anderen« allerdings befanden sich ebenfalls aufgrund ihrer Unwissenheit in jener Situation. Unter dem Einfluss dieser Unwissenheit schaden sie sich selbst und schädigen auch andere Beteiligte. Schließlich hatte unser durchgeknallter, von Unwissenheit geblendeter Raser angenommen, dass er es noch vor allen anderen Verkehrsteilnehmern über die Kreuzung hinweg schaffen würde, und wenn er 100 Prozent sicher gewesen wäre, dass er dabei bis zur Hälfte in unserem Auto landen würde, wäre er überhaupt nicht über die Kreuzung gerauscht. So knallt nun Unwissenheit auf Unwissenheit, und solch eine Begegnung führt nur mit geringer Wahrscheinlichkeit zu positiven Resultaten. Niemandem kann etwas vorgeworfen werden außer uns selbst, denn es ist ja kein Geheimnis, dass »die Leute heutzutage wie die Verrückten fahren«, und wir sollten nicht einfach leichtfertig über eine Kreuzung rauschen, bloß weil die Ampel auf Grün schaltet. Wir kennen niemals alle Bedingungen, die eine Situation ausmachen, in die wir gerade hereingeraten, darum müssen wir besonders aufmerksam sein. Hier zeigt sich nun, dass es sich beim Verständnis des Gesetzes von Karma eigentlich nur um den guten alten gesunden Menschenverstand handelt, der doch jede weitsichtige Person leitet. Wir überqueren die Fußgängerampel natürlich nicht bei Rot, weil unsere Vernunft uns sagt, dass auf diese Weise eine Menge schlechtes Karma heranreifen könnte, mit dem wir uns dann weiterhin herumschleppen müssten, falls wir es überleben.

Wenn wir also leiden, gibt es dafür zwei Gründe. 1. Wir haben in der Vergangenheit etwas angestellt – zum Beispiel haben wir mit dem unvorsichtigen Fahrer eine negative Beziehung entwickelt aufgrund von unseren vergangenen Handlungen – das Resultat davon reift gerade in Form dieser unangenehmen Begegnung heran; und 2. Es ist unsere Unwissenheit, die uns in diese Situation gebracht hat. Letztendlich lassen sich beide Ursachen auf eine einzige reduzieren – unsere eigene Unwissenheit, aufgrund derer wir Dinge getan, gedacht und gesagt haben, ohne jedoch abzusehen, dass sich daraus solch unangenehme und weitreichende Konsequenzen ergeben würden. Damit ist Leiden nichts anderes als die Frucht unserer eigenen Unwissenheit, was für jemanden, der lieber andere oder eine höherstehende Autorität für seine persönlichen Missgeschicke verantwortlich machen würde, schwer zu schlucken sein mag. Buddhismus lehrt, dass wir für alles, was uns im Leben geschieht, die ausschließliche Verantwortung haben. Jedwede Erfahrung ist ein Resultat der Verbindungen, die wir mit anderen Wesen in der Vergangenheit geknüpft haben (in dieser oder vorangegangener Lebenszeit), und hängt von den karmischen Samen ab, die wir durch unsere Handlungen in unseren Geist gepflanzt haben.

Man kann natürlich darauf bestehen, dass es sich hierbei um nichts als einen unglücklichen Zufall handle, und dies deckt sich, glücklicherweise, auch mit der allgemeinen Annahme der Versicherungsunternehmen, die nichts über Karma wissen (könnte das unser gutes Karma sein?). Dennoch unterstützen der Buddhismus, die meisten östlichen Philosophien wie auch die alten Griechen und das frühe Christentum (welches zunächst Platons Belehrungen über die Seele akzeptierte) die Ansicht, dass unser gegenwärtiges Leben nur ein weiteres aus einer ganzen Folge von zahllosen Wiedergeburten sei.[14] So betrachtet wird die Begegnung mit unserem durchgeknallten Raser nun zu einer weiteren Episode, bei der wir einfach nur ein paar vergessene Rechnungen bezahlen, die von unserem Speicherbewusstsein gewissenhaft kontrolliert werden, das all die Informationen über unsere Gedanken, Worte und Taten wie eine Festplatte sichert. Wenn wir davon überzeugt sind, dass wir diesem Typen niemals zuvor begegnet sind, ist das lediglich das Resultat einer zu kurzen Gedächtnisleistung; die Gesichter und Namen der Menschen, die wir in diesem Leben getroffen haben oder gar vor einigen Jahren oder Jahrzehnten, schwinden aus dem Gedächtnis, ganz zu schweigen von anfangsloser Zeit. Erinnern Sie sich denn etwa genau daran, was Sie, sagen wir mal, vor fünf Jahren exakt zu derselben Uhrzeit gemacht haben? Vergesslichkeit ruft diese irrationale Auffassung hervor in Bezug auf bestimmte

---

14 Dieser Glaube wird teilweise durch eine andere Ansicht widergespiegelt, die erklärt, dass der Geist oder das Bewusstsein nicht sterben kann, worauf ich im Verlauf dieses Buches noch näher eingehen werde.

Situationen, an denen wir beteiligt sind. Ganz so, als hätten wir nichts damit zu tun. Wir neigen zum Beispiel dazu, anzunehmen, dass jemand etwas gegen uns hätte, ohne jeden ersichtlichen Grund, und das ist schon alles. Aber vielleicht ist uns einfach das Fußballspiel entfallen, das wir vor ungefähr 25 Jahren gegen die Jungs aus der Nachbarschaft gespielt hatten, wo wir während einer rücksichtslosen Attacke auf das gegnerische Tor beinahe dem Verteidiger des anderen Teams das Bein gebrochen hätten. Vielleicht ist genau derselbe Verteidiger gegenwärtig nicht gerade unser bester Freund und hat ebenfalls ein kurzes Gedächtnis. Sobald wir uns jedenfalls trafen, hatte er genau wie wir das Gefühl, dass wir nicht die besten Freunde werden würden. Und vielleicht hatten wir dieses Fußballspiel schon ein paar Lebenszeiten früher gespielt? Natürlich, wir können uns in Bezug auf die vergangenen Lebenszeiten nicht sicher sein, aber ist diese Erläuterung nicht zumindest ebenso wahrscheinlich wie zu behaupten, dass alles zufällig sei?[15] Und zur gleichen Zeit erklärt das klar und deutlich all die sogenannte Ungerechtigkeit im Leben, welche

---

15 Übrigens, ist es nicht seltsam, dass all die unglückseligen Liebenden nur ein paar Tage, nachdem sie sich begegnet sind, schon zueinander sagen: »Wir kennen uns nur ein paar Tage, aber es kommt mir vor wie eine ganze Ewigkeit«? Es ist doch wirklich merkwürdig, wie sich ihr Aussehen und ihr Geschmack ähneln, derselbe Sinn für Humor und dieselbe Art zu denken – was für ein unglaublicher Zufall – so viele Dinge stimmen überein.

ohne die Perspektive vorangegangener Leben doch eher ziemlich unfair zu sein scheint und desto unerträglicher.

Wenn es keinen Gott gibt, ist alles möglich, aber das bedeutet nicht, dass wir diese Freiheit nur sorglos und ungestraft nutzen könnten, wobei wir uns unvermeidlich auf eine totale Anarchie zubewegen würden. Ganz im Gegenteil, wir übernehmen die alleinige Verantwortung für alles, somit geht absolute Freiheit mit absoluter Verantwortung einher, weil wir schließlich ja nur uns selbst zur Verantwortung ziehen können. Diese Gegebenheit macht die buddhistische Freiheit tatsächlich viel schwieriger, als wir angenommen haben mögen. Es ist keinesfalls einfach, die Tatsache zu akzeptieren, dass unser Leiden und ungebetene Erfahrungen tatsächlich die Ergebnisse unserer eigenen unbewussten Entscheidungen aus der Vergangenheit seien. So unbewusst, wie sie daherkommen, ergeben sie sich entweder aus unserer Unkenntnis des Gesetzes von Ursache und Wirkung oder weil wir uns nicht daran erinnern. *Ignorantia iuris nocet.*

Obwohl sich der Buddhismus niemals auf transzendentale Werte wie etwa absolute Güte oder Gott beruft, kann er gutes Benehmen mühelos rechtfertigen. Es braucht lediglich zwei grundsätzliche Annahmen. 1. Unsere Handlungen werden durch das Streben nach Glück und Zufriedenheit motiviert, was nur schwer anfechtbar ist (es sei denn, man hat einen Hang zu übertriebenen konzeptuellen Ideen, wie

Respekt vor dem Gesetz usw.). 2. Das Gesetz von Karma ist eine bemerkenswert klare Richtlinie, die erläutert, dass leidverursachende Handlungen zu unserem eigenen Leid führen, während glückbringende Handlungen zu Glück führen. Grundsätzlich korrespondieren die Wirkungen mit ihren Ursachen. Nimmt man diese beiden Faktoren zusammen, so zeigt sich, dass wir nur dann zum Nachteil anderer agieren können, wenn wir nicht verstanden haben, dass uns dies auf lange Sicht auch selbst schaden wird. Wenn wir aber in der Lage sind, ein bisschen weiter in die Zukunft zu schauen und die Tatsache zu akzeptieren, dass die Resultate sich von ihren Ursachen qualitativ kaum unterscheiden, ist es schwer, sich jemanden vorzustellen, der sich bewusst entscheiden würde, negativ zu handeln.[16]

---

16 Selbst ein Sadist strebt nach Glück, ebenso wie ein Masochist. Wie eigentümlich es auch anmuten mag, handelt es sich bei deren Vision von Glück, obschon missverstanden, noch immer um eine Vision von Glück. Der Versuch, solch eine falsche Vision zu realisieren, führt jedoch zu Leiden, welches von der erwarteten Freude weit entfernt sein wird. Früher oder später wird ein Masochist wahrscheinlich auf einen Sadisten treffen, welcher, wenn er vom Vorherigen gebeten wird, geschlagen zu werden, mit einem perversen Grinsen auf den Lippen antworten wird: »Keinesfalls! Nur über meine Leiche!«. Dann wäre selbst der Masochist beim Leiden nicht glücklich. Genauso verhält es sich mit dem Sadisten, der nur kitzelt, anstelle dem Masochisten den Hintern zu versohlen. Darum leidet der Sadist genauso, wenn er dem Masochisten Leiden zufügt. Dies ist natürlich noch nicht das Ende der Geschichte, zumal Handlungen, die

Paradoxerweise stellt sich heraus, dass es nichts Naheliegenderes gibt, das uns dazu motivieren würde, zum Wohle anderer zu handeln, als unser eigenes Streben nach Glück. Wenn es glückbringende Handlungen sind, die zu Glück führen, worin bestünde dann der Sinn, anders zu handeln? Glückbringende Handlungen zahlen sich am meisten aus und wandeln in wahrem Buddhismus nach tantrischer Manier Egoismus in Altruismus um. Was schließlich als total spontane Aktivität zutage tritt, die zwischen der Freude anderer Wesen und unserer eigenen Freude keinen Unterschied mehr macht. Es läuft einfach auf ein und dieselbe Sache hinaus. Je mehr Wesen wir glücklich machen, desto schneller werden wir selbst glücklich sein, und das ist ganz und gar natürlich, denn wir werden zunehmend von zahllosen Menschen umgeben sein, die uns dankbar sind und unsere Pläne unterstützen. Sobald wir uns selbst vergessen und anfangen, zum Wohle anderer zu handeln, werden wir glücklich, darum ist derjenige, der sich nur um andere sorgt, der Glücklichste. Es braucht weder düstere Visionen von einem Gericht nach dem Tod noch moralisierende (und aus diesem Grund für gewöhnlich langweilige) Predigten, bei denen man sich regelrecht überwinden muss, um aufmerksam zuzuhören. Diese Einsicht, dass jedes einzelne Wesen

---

anderen Schmerz zufügen, im selben Moment zu karmischem Gepäck werden, welches auch unser eigenes zukünftiges Leiden in sich trägt.

genau wie wir selbst nach Glück strebt, zusammen mit der Fähigkeit, Ursache und Wirkung nachzuvollziehen, reicht vollständig aus, um zu verstehen, wie man sich in jeder gegebenen Situation verhalten sollte. Und wenn wir einmal nicht wissen sollten, wie wir uns am besten verhalten, dann ist es doch zumindest empfehlenswert, sich angemessen zu benehmen.

Diese Einstellung befreit den Buddhismus von jedweden für gewöhnlich an den Haaren herbeigezogenen normativen Tendenzen, welche oft zu verschiedenen normativen Konflikten führen (die unvermeidlich sind, sofern es zu viele Normen gibt). Obschon Buddha von den zehn negativen Handlungen gesprochen hat, die man vermeiden sollte, wurden sie jedoch nie zu strikten Vorschriften, die zu keiner Zeit verletzt werden dürfen. Im Grunde genommen führen negative Handlungen zu negativen karmischen Resultaten und sollten darum vermieden werden, aber das ist noch lange nicht dasselbe, als würde man zehn Gebote befolgen, die immer und überall gelten wie ein Dogma oder ein Axiom. Manche Situationen könnten es sogar erforderlich machen, eine scheinbar negative Handlung in die Tat umzusetzen, zugunsten der Glückseligkeit. Eine anschauliche Illustration hierfür wäre zum Beispiel die Geschichte aus einem der früheren Leben Buddhas, als er als Kapitän absichtlich einen Mann tötete, um das Leben von 500 anderen Passagieren zu retten. Er hatte einfach nicht die Zeit für jene Dilemmata, welche oft von Ethikern beratschlagt werden, die die einfachsten Dinge in Bezug auf einen solchen Handel verkomplizieren: Wenn das menschliche Leben doch unbezahlbar ist, verfügen wir dann überhaupt über die moralische Berechtigung, einen Menschen zugunsten von hunderten zu opfern etc.? Im wirklichen Leben bleibt uns häufig keine Zeit, solche Fragen zu beantworten, außer wir akzeptieren, dass das Schiff untergeht, während wir damit beschäftigt sind, über ein paar ethische Schlüsselthemen zu diskutieren. Darüber hinaus führen solch ausfernde Fragen doch nur zu weiteren Komplikationen, anstatt die Situation zu klären. Wir bleiben unfähig, adäquat zu reagieren, und noch dazu werden wir, wenn wir nicht entschlossen handeln können, schließlich doch wieder auf die oben schon erwähnte Empfehlung des angemessenen Verhaltens zurückgreifen müssen. Also anstelle von dramatischen Fragestellungen wenden wir besser eine Menge Mitgefühl und fundamentale Mathematik an, wonach 500 niemals gleich eins ist.

Wesentlich hierbei ist aber die Tatsache, dass Buddha in der Lage war, jene Handlung ohne eine Spur von Zorn auszuführen und anstelle dessen mit der Motivation, andere zu schützen. Aus der Sicht von Karma betrachtet, sind es Störgefühle,[17] die uns zu Handlungen verleiten, welche dann sowohl andere

---

17 Üblicherweise wird von entweder drei (Unwissenheit, Zorn und Anhaftung) oder fünf (die vorherigen drei zusammen mit Stolz und Eifersucht) Störgefühlen gesprochen. In bud-

als auch uns selbst in Schwierigkeiten bringen. Zorn scheint der kostspieligste unter ihnen zu sein, zumal mit seinem Ausbruch all jene Faktoren zusammenkommen, die erforderlich sind, damit ein vollständiger karmischer Effekt entsteht. Faktoren, welche die karmischen Effekte einer gegebenen Handlung determinieren, sind folgende: 1. die Intention, die uns antreibt, 2. die Kenntnis oder das Bewusstsein von dem, was wir tun, 3. die Handlung selbst, die entweder durch uns selbst oder auf unseren Wunsch hin ausgeführt wird, und 4. unser Geisteszustand im Anschluss daran. Wenn wir es mit Zorn zu tun bekommen, schlagen alle Indikatoren dieser Faktoren bis in den roten Bereich hinein aus. Zuerst einmal bringt ein Wutausbruch die schlimmste der möglichen Motivationen mit sich, weil wir wirklich jemandem etwas zuleide tun wollen; des Weiteren sind wir uns der Tatsache bewusst, dass unsere Handlung Schmerz verursachen wird, wir wählen dementsprechend sogar noch die schmerzvollsten Hilfsmittel aus; drittens juckt es uns regelrecht in den Fingern, unseren Plan in die Tat umzusetzen, z. B. indem wir jemandem so richtig schön die Nase platt hauen; und letztlich, nachdem wir ihn komplett vermöbelt haben, genießen wir jenes wohlige Gefühl, das sich zusammen mit der Überzeugung breitmacht, dass der Typ es doch auch wirklich verdient habe. Allerdings können

---

dhistischen Texten lassen sich aber selbstverständlich auch viele andere Klassifikationen finden.

wir im Fall von Handlungen, die durch andere Gefühle motiviert wurden, nicht von demselben vollständigen vierteiligen negativen Muster sprechen. Unfälle passieren selbst bei positiver Motivation. Nicht immer tun wir alles, was wir tun, absichtlich, manchmal wissen wir gar nicht genau, was wir tun, und nachdem wir etwas Schlechtes angestellt haben, hüpfen wir in den seltensten Fällen vor Freude herum, und genau aus diesem Grund werden die karmischen Effekte von solcher Art negativer Handlungen durch die drei nachfolgenden Faktoren deutlich gelindert. Zorn sollte definitiv vermieden werden, besonders weil Zorn für gewöhnlich deutlich macht, dass wir nicht mehr Herr der Situation sind, was uns üblicherweise dazu verleitet, dass wir denken, noch ein wenig mehr Extra-Energie in die Situation hineingeben zu müssen, um schließlich wieder Kontrolle zu erlangen. Zorn ist die Charaktereigenschaft von schwachen Menschen, die aus dem einfachen Grund ärgerlich werden, weil sie nicht tun können, was sie wollen, wie Lama Ole es oftmals zum Ausdruck bringt.

Die Geschichte von Buddhas Leben gibt uns noch einen weiteren wertvollen Hinweis: Es ist kein starres moralisches Dogma, das uns leiten sollte, sondern vielmehr das Streben nach der größtmöglichen Freude für die größte Anzahl von Wesen bis in die weitmöglichste Zukunft hinein. Dies ist der einzige stabile Referenzpunkt, der von uns verlangt, jede Situation gründlich zu evaluieren, damit wir uns entsprechend verhalten, was zu gegebenem Zeitpunkt auch bedeuten könnte, eine der zehn oben empfohlenen Handlungsempfehlungen zu verletzen. Kierkegaard hatte durchaus Recht, als er zum Ausdruck brachte, dass ein starrer Moralkodex uns sowohl vom Denken befreit und zudem auch noch unserer Freiheiten beraubt. Unter solchen Umständen müssten wir nicht mehr darüber nachdenken, was zu tun sei, weil es dann eine Liste von moralischen Vorschriften gäbe, denen wir Folge leisten müssten. Dann jedoch würde es allzu leichtfallen, Mitgefühl durch kaltes und unreflektiertes Befolgen von Regeln zu ersetzen. Der Buddhismus dient dazu, uns davor zu bewahren, indem er betont, dass jede Situation verschieden ist. Dadurch wird er zu einer Herausforderung für unsere Weisheit und unser Mitgefühl; er fordert dazu auf, das Für und Wider noch einmal aus dem Blickwinkel überpersönlichen Mitgefühls in Betracht zu ziehen, das immer bemüht ist, Leiden zu vermeiden und Freude zu maximieren.

Aus diesem Grund empfiehlt der Buddhismus nicht, auch noch die zweite Wange hinzuhalten, einfach weil das weit davon entfernt ist, Mitgefühl zu haben, und im Sinne von Karma würde es nichts anderes bedeuten als zuzulassen, dass jemand unter dem Einfluss von Zorn handelt, was nur zur Ansammlung einer riesigen Menge negativer Eindrücke im Geist führt, die in Zukunft wiederum in Form von Leid heranreifen werden. Menschen, die beabsichtigen, etwas

Dummes anzurichten, müssen daran gehindert werden. Und auch hier gilt wieder: Wie man so etwas am besten anstellt, hängt von der jeweiligen Situation ab, in die wir hineingeraten sind. Wenn es eindeutig ist, dass der unrasierte Gentleman in der dunklen Gasse es auf unsere Brieftasche abgesehen hat und er nicht unbedingt geneigt zu sein scheint, die karmischen Auswirkungen seiner Absichten mit uns zu diskutieren, wenn demnach die einzige Nachricht, die er verstehen wird, jene ist, dass wir seine Nase plätten, dann ist es eben genau das, was er in diesem Moment verdient. Es ist jedoch wichtig, dass wir so etwas nur durchziehen, wenn wir sicher sind, dass wir nicht unter dem Einfluss von Zorn, sondern aus Mitgefühl handeln. Mitgefühl mag eine raue Form annehmen, wenn die Situation es erfordert, doch je invasiver die Mittel sind, die wir verwenden, desto bewusster sollten wir uns der Situation selbst, deren Konsequenzen und unserer eigenen Motivation sein. Eine solche Art Bewusstsein entwickelt sich mit der Meditation, und wenn wir noch nicht genug meditiert haben, um klar sehen zu können, was sich abspielt, sollten wir umso freundlicher agieren und dabei das jahrhundertealte medizinische Credo *primum non nocere* nicht aus den Augen verlieren.

Unsere gegenwärtigen Handlungen werden schlicht und einfach zu unserer Zukunft werden. In dem Moment, wo wir uns dessen gewahr sind, beginnen wir zu entscheiden, was sich ereignen wird.

Nichtsdestotrotz haben wir seit anfangsloser Zeit Karma angesammelt, welches ständig, Situation für Situation heranreift. Bis wir erleuchtet sind, erfahren wir am laufenden Band unser Karma. Demzufolge ist die Freiheit, von der wir im Moment sprechen, relativ, innerhalb der Gesetze von Karma. Egal ob wir nun rechts oder links langgehen, wir werden ohnehin ganz bestimmt den Resultaten unserer früheren Handlungen begegnen. In diesem Sinne lässt sich Karma vorläufig nicht vermeiden. Allerdings verfügen wir über einen gewissen Handlungsspielraum, zumal wir eben auch entscheiden können, in welche Richtung wir gehen.[18] Je mehr wir wissen, desto weitsichtiger werden wir handeln, und desto höher ist die Wahrscheinlichkeit, dass wir uns für eine Situation entscheiden, aus der positives Karma hervorgehen kann. Bis zu dem Moment, wo wieder neues negatives Karma heranreift, können wir, wenn wir achtsam sind, das Ganze für eine gewisse Zeit vermeiden –

---

18 Was ich hier nicht diskutieren werde, sind jene Verschwörungstheorien, die der Ansicht sind, dass unsere Entscheidungen vorbestimmt seien, besonders weil wir in einer gegebenen Situation ohnehin aufgrund der Überzeugung Entscheidungen treffen, dass etwas von unseren Entscheidungen abhängt. Wir halten uns also empirisch betrachtet für freie Wesen. Zu hinterfragen, welche verborgenen Umstände unseren Entscheidungen vorausgegangen sein mögen, ist ziemlich sinnlos, da wir hauptsächlich davon geleitet werden, was den Entscheidungen vermutlich folgen wird. Wenn solche Umstände verborgen wären, würden wir außerdem nicht viel davon wissen, wenn überhaupt irgendetwas.

aber nur durch buddhistische Meditation, die genau zu diesem Zweck entwickelt wurde, können wir uns komplett davon befreien. Aus diesem Grund nimmt im Verlauf der Anwendung buddhistischer Praktiken die Anzahl negativer Situationen ab, wobei auf natürliche Weise Raum für Positives entsteht.

Aus buddhistischer Perspektive betrachtet, besteht der Wert von positivem Karma nicht in den angenehmen Eindrücken, die dadurch hervorgerufen werden, insbesondere weil jene vergänglich sind und also nicht andauern können. Was sie wertvoll macht, ist vielmehr die Tatsache, dass wir in angenehmen Situationen weniger dazu tendieren, anderen zu schaden. Stattdessen teilen wir unseren psychologischen Überschuss mit den anderen und tragen auf diese Weise so gut, wie wir können, zu allgemeiner Zufriedenheit bei. Eine glückliche Person ist eine Person, die wirklich etwas zu bieten hat. Es stellt sich heraus, dass gutem Karma auf diese Weise die Tendenz innewohnt sich zu vervielfachen, es lohnt sich zu erwähnen, dass eine ähnliche Tendenz gleichsam auf schlechtes Karma zutrifft. Eine unglückliche Person ist trauriger Weise die, die uns das Allerletzte anbietet, das man jemandem auch nur anbieten kann.

Wenn eine Situation äußerst herausfordernd wird, dann ist das Einzige, woraufwir uns noch fokussieren können, das nackte Überleben – Überlebenskünstler betreiben äußerst selten Philosophie, noch sinnieren sie über den Sinn des Lebens, weil das Einzige, wonach sie suchen, Wasser ist. Wenn das Leben allerdings so luxuriös wird, dass es hierfür schon genügt, die Armatur im Badezimmer aufzudrehen, so entsteht plötzlich genug Raum, um in der Badewanne eine weiterreichende Perspektive von Glück in Betracht zu ziehen, wenngleich beide (das Wasser sowie auch die Situation) schließlich doch auch einmal zu Ende gehen werden. Und dies ist noch ein weiterer Grund, gutes Karma als etwas Bedeutungsvolles in Betracht zu ziehen. Durch die daraus resultierenden positiven Gegebenheiten entstehen so viel Leichtigkeit und Raum in unserem Geist, dass wir bereit sind, anzufangen, über noch ein wenig mehr nachzudenken. Dieses »etwas mehr« im Sinne des Buddhismus ist die Verwirklichung der Natur des Geistes – Erleuchtung zum Besten aller Wesen, oder mit anderen Worten; totale Unabhängigkeit von Karma, was mit absoluter Freiheit gleichbedeutend ist. Sobald man diesen Zustand erreicht, kann man ihn mit anderen teilen.

7.
Leerheit, die jedoch ganz voll ist

Ein Wort zum Unterschied zwischen *rangtong* und *shentong*

> *Genau diese Leerheit ist keine bloße Leerheit.*
> Taranatha

Oh buddhistische Philosophie! »Welch große Öde hast du in mein Haus gebracht.«[19] Und dennoch verzweifle ich nicht. Ganz im Gegenteil! Es ist kein kleines Haus, und es hat viele Gemächer. Demzufolge muss die sich darin befindliche Leerheit zumindest dieselbe Größe wie das Haus haben, und noch dazu taucht in jedem Zimmer immer wieder eine neue Leerheit auf. Das mit zahllosen Leerheiten angefüllte Haus ist nicht klein, denn es braucht genug Raum, um all diese Leerheiten beherbergen zu können. Und was ist freudvoller als der Raum? Also erstmal gibt es diesen Überschuss an Freude. Des Weiteren diskutieren wir hier nicht nur eine Leerheit allein, sondern viele, zumal Chandrakirti, der *Prajñāpāramitāsūtra*-Tradition folgend, sage und schreibe 16 Arten von Leerheit zur Sprache bringt, und zwar ohne uns deprimieren zu wollen. Letztendlich, und dies ist von äußerst großer Bedeutung, sind diese Leerheiten wirklich überwältigend und ebenso unermesslich wie die Objekte, die sie durchdringen. Es ist nun mittlerweile von einem ganz gewaltigen Batzen Leerheit die Rede, nicht etwa nur von kleinen, ältlichen Leerheiten,

---

19 Threnodie VIII von Jan Kochanowski, übers. v. Spiridion Wukadinović, https://wolnelektury.pl/media/book/pdf/threnodien.pdf [29.04.2021].

Leerheit, die jedoch ganz voll ist

die so klein wären, dass sie überhaupt nicht vorhanden sind. Ich hoffe, mein Literaturlehrer wird mir diese Interpretation verzeihen: Wir müssen dieser Thematik Aufmerksamkeit schenken, denn Leerheit wird viel zu häufig als Nichtvorhandensein verstanden. Und Leerheit, im Gegenteil zu ihren üblichen Assoziationen, ist ebenso weit vom Nichtvorhandensein entfernt, wie sie der Ganzheit und Fülle nahesteht. Leerheit ist schlichtweg eine große Sache. Darin stimmen die buddhistische Philosophie und die polnische Poesie überein.

Besonders in Tibet, wo sie eine ganze Menge erstaunliche Berge, Schnee und Leerheit haben, ist die letztere zu einer reichhaltigen natürlichen Quelle für eine faszinierende Philosophie geworden, die aus den indischen Texten von Asanga, Maitreya und Nagarjuna, sowie in Sutras wie dem *Lankāvatārasūtra* letztendliche Schlussfolgerungen gezogen hat. Der reichhaltigste Ansatz in Bezug auf Leerheit ging aus einem philosophischen Disput zwischen der Gelug-Schule (mit ihrem Meister, dem Dalai Lama), der jüngsten Schule innerhalb des tibetischen Buddhismus, und der Karma Kagyü-Schule (unter der Leitung des Karmapa) hervor.[20] Da sie sich »*gelugpa*« nennen, was »die Tugendhaften« bedeutet, haben sie wahrscheinlich eine starke Neigung zu strikter Diszi-

---

20 Die *Jonangpa*-Schule, welche ebenfalls an diesem Disput teilgenommen hatte, nahm eine der *Kagyü*-Schule ähnliche Anschauung ein.

Ein Wort zum Unterschied zwischen rangtong und shentong

plin (wofür ihre Klöster berüchtigt sind), sowie ein sehr puristisches Konzept von Leerheit, besonders weil die Hauptpraxis der Gelugpas eher im Analysieren und Diskutieren von Texten besteht als in der Meditation. Wenn das Gegenteil der Fall ist, soll heißen, wenn der Fokus auf der meditativen Erfahrung liegt, wobei sich ein gründliches Verständnis der Philosophie im Verlauf der Zeit zunehmend spontan ergeben sollte, dann wird die Annäherung an die Leerheit auch weniger hochgeistig und weitaus freudvoller sein. Diese beiden verschiedenen Herangehensweisen nennen sich jeweils *rangtong* und *shentong*.

Rangtong bedeutet wörtlich »seines Selbst entzogen« in dem Sinne, dass die Essenz fehlt, welche erwartungsgemäß die Existenz garantieren sollte. Nachdem wir das Kapitel über den wackeligen Tisch bereits gelesen haben, sollten wir mit diesem Konzept eigentlich schon vertraut sein. Sicher werden Sie zustimmen, dass dies in einem gewissen Sinne etwas harsch und bitter ist, besonders da wir uns daran gewöhnt haben, an dieser extrem realistischen Perspektive festzuhalten, wobei die buddhistische Philosophie doch eigentlich als Gegengift herhalten sollte. Selbst wenn wir uns vor der klaren buddhistischen Philosophie verneigen und anerkennen, dass sich eine Essenz nicht finden lässt, aber immer noch fest an eine absolute Realität der Dinge glauben, dann werden wir letztendlich immer mit einer Art »Ich-will-mehr-Gefühl« auf der Strecke bleiben oder gar in

Unzufriedenheit oder Nostalgie verharren und erwarten, dass es eigentlich doch schön wäre, wenn die Dinge eine solide Essenz hätten und vielleicht irgendwie doch so real sein könnten, wie wir vorher noch angenommen hatten. Das *Shentong*-Verständnis von Leerheit kommt uns hier nur gelegen, indem es beweist, dass wir zum einen noch nicht einmal irgendwas verloren haben, sondern genau genommen noch viel mehr hinzugewonnen haben. Anstatt uns über den Verlust der Essenz der Dinge Sorgen zu machen, die von vornherein ja ohnehin nicht existiert hatten, können wir nun eine Realität genießen, die viel reichhaltiger und vielfältiger ist, weil sie nicht mehr kontinuierlich durch irgendeinen inneren Kern begrenzt wird, der die Dinge dazu veranlassen würde, immer gleich zu bleiben. Nun bleibt nichts mehr gleich, Leerheit wird so zu einem Mittel gegen Langeweile – und zwar wie? Schauen wir mal ...

Führen wir uns dasselbe Phänomen zuerst aus den beiden folgenden Perspektiven zu Gemüte. Hier ist das Phänomen:

M

Auf den ersten Blick sieht es wie ein gutes altes **M** aus. Allerdings entspricht dies weder aus *Rangtong*- noch aus *Shentong*-Perspektive der Wahrheit. Fangen wir zuerst mal mit der *Rangtong*-Perspektive an. Innerhalb dieses Rahmens fragen wir uns, ob sich überhaupt sicherstellen lässt, dass es sich wirklich um ein **M** handelt. Vor allem, wenn wir unser Buch auf

Ein Wort zum Unterschied zwischen rangtong und shentong

den Kopf stellen, wird unser M zu einem W. Vielleicht war also, was ich gerade niedergeschrieben hatte, vielmehr ein umgekehrtes W als ein M. Wenn dieses Ding eine ihm eigene Essenz besäße, zum Beispiel seine M-heit, dann würde es aufgrund seiner innerlichen Vorbestimmung immer als M erscheinen, ob es nun auf dem Kopf steht oder nicht. Diesbezüglich kein Zweifel. Wenn sich die M-heit oder W-heit im Phänomen selbst jedoch nicht nachweisen lässt, so muss es leer davon sein. Weder ist es ein M noch ein W in sich selbst, nur in Übereinstimmung mit der Ausrichtung des Buches wird es jeweils zum einen oder anderen. Hier werden unsere Erwartungen nun vielleicht ein wenig enttäuscht. Wie schade, dass es sich nicht um ein M wie das M in Marzipan handelt! Wer würde das nicht bedauern? Und hierbei tröstet noch nicht einmal, dass es sich wenigstens nicht um ein W wie das W für Warzen handelt. Dadurch, dass wir die Abwesenheit einer Essenz anerkannt haben, ging das, was an den Dingen wirklich wichtig ist, verloren. Als Folge davon glitt uns der Gegenstand selbst aus den Händen, welcher nun nur noch ein diffuses, undefiniertes Phänomen zu sein scheint – weder ein M noch ein W. Nun ist es *rangtong* – leer, also leer von sich selbst. Natürlich könnten wir nun versuchen, uns selbst davon zu überzeugen, dass uns nichts weniger egal sein könnte, und schließlich wüssten wir dann, dass wir darauf pfeifen und dass wir niemals wieder ... aber dennoch wird schließlich ein Gefühl zurückbleiben, dass etwas fehlt (so wie jenes, das wir nach dem Kauf eines Tisch-ähnlichen Produktes haben), besonders wenn unser Geist gern spielt und den Reichtum dieser Welt genießt. Zusammengefasst lässt sich festhalten: *Rangtong* steht für die essenzielle Abwesenheit dessen, was uns an einem Objekt am wichtigsten ist – seine Essenz, die es zu einem Objekt machen würde. Mit anderen Worten, ein Ding ist seines Selbst beraubt (Tib. *rang*), soll heißen, es ist leer (Tib. *tong*).

Und nun zu etwas völlig anderem: der *Shentong*-Perspektive. Nicht nur lässt sich das Buch auf den Kopf stellen, sondern es lässt sich auch um 90 Grad gegen den Uhrzeigersinn drehen. Nun ist es weder ein M noch ein M; es ist jetzt der griechische Buchstabe Sigma Σ. Wir werden jedoch die Hoffnung nicht aufgeben, nur weil es kein M als solches mehr ist. Zuerst einmal deswegen, weil es sich perfekt wie ein M verhält, abgesehen von der Abwesenheit einer darin enthaltenen M-heit, und zweitens auch weil es aus genau diesem Grund die Rolle eines W oder eines Σ einnehmen kann. Anstelle eines Gegenstandes mit einer Essenz haben wir nun inzwischen nicht weniger als drei Gegenstände, die essenzlos sind, aber die Mathematik kennt hier kein Pardon: Drei ist mehr als eins. Das Phänomen kann dermaßen vielfältig sein, weil es von seiner Essenz nicht innerlich vorbestimmt ist, und es erscheint sogar noch vielfältiger, wenn es von einem Analphabeten betrachtet wird, der

Ein Wort zum Unterschied zwischen rangtong und shentong

nur vier Linien ausmachen kann, während ein weiterer Analphabet zwei gebrochene Linien oder ein Dritter womöglich nur eine einzige Zickzacklinie entdecken mag etc. Aus diesem Grund könnten der Schriftkundige und der Analphabet in einen Disput verwickelt werden, nicht nur aufgrund ihrer eigenen Präferenzen, sondern auch zwischen den beiden Parteien. Dieser ganze metaphysische Disput tritt nur aufgrund der Bemühung in Erscheinung, die folgende Frage zu beantworten: »Was ist das?«, wobei nicht bloß der Gegenstand selbst, sondern auch dessen Existenz angenommen wird. Noch schlimmer wäre zum Beispiel ein Künstler – wie kompetent beim Lesen er auch immer sein mag. Wenn er ein **M** anschaut, könnte er ein modernes Kunstwerk entdecken, in dem es um die Juxtaposition von Linien geht. Wohingegen ein perverser Mathematiker in einen leidenschaftlichen Kuss verwickelte Einsen ausmachen mag (ich muss zugeben, diese ist die interessanteste Option, obschon ebenso zweifelhaft wie die vorangegangenen). Was ist also dieses

M,

verkompliziere ich es etwa zu sehr? Vielleicht handelt es sich nur um einen Klecks Tinte auf Papier? Aber irgendwie finde ich auch diese primitive Drucker-Interpretation nicht glaubwürdig, zumal mir die geschwärzte Form (worum auch immer es sich dabei letztlich handelt) beim Schreiben ziemlich egal war. Vielmehr interessierte mich der weiße, die Form

Leerheit, die jedoch ganz voll ist

umgebende Raum, der bestimmt zu keiner Zeit Ihre Aufmerksamkeit auf sich gezogen hat. Es geht nicht um die Kontur selbst, sondern darum, was sie umreißt. Wie auch immer – vergessen Sie die Tinte, und schauen Sie sich deren Umgebung an. Wenn Sie dieses schwarze M auf einem Computerbildschirm sehen, lässt sich dann bei vollem Bewusstsein sagen, dass es nur das M ist, das Sie sehen, jedoch nichts anderes? Letztendlich leuchten jene, die Form formenden, Pixel in genau diesem Moment eben nicht. Sie senden kein Licht in Richtung Ihrer Augen, welche nur das weiße Licht der leuchtenden Pixel wahrnehmen können, dass aus dem Umfeld der Form herrührt. Wäre es denn möglich, dass wir etwas sehen, das dort gar nicht ist?

Wenn Sie jetzt noch nicht zu Tode gelangweilt und noch immer gewillt sind, sich mit dieser wundersamen Plastizität dieses scheinbar eindeutigen Phänomens auseinanderzusetzen, indem Sie die Frage »Was ist das?« stellen, dann nehmen Sie bitte auch zur Kenntnis, dass diese Frage selbst bereits zum Scheitern verurteilt ist, zumal es sich um eine einschränkende Frage handelt. Und was begrenzt sie? Hierbei handelt es sich schon wieder um eine falsche Frage, zumal es nicht um irgendein »was« geht. Obschon es immer schwieriger sein wird, darüber zu sprechen, oder genauer gesagt »darüber hinweg« zu sprechen. Lassen Sie uns noch einmal die ganze Sache von Anfang an betrachten.

Ein Wort zum Unterschied zwischen rangtong und shentong

Sobald unsere Augen auf dem
M
ruhten, und wir dieses
M
wahrnahmen, zwängten wir aufgrund der Macht der Gewohnheit augenblicklich diese Erfahrung in einen bestimmten Rahmen hinein, zum Beispiel in den Buchstaben **M** unseres Alphabets. Wenn dies der Fall war, verdrängten wir automatisch die Möglichkeit, dass es sich um ein auf dem Kopf stehendes **W** handeln könnte. Vielleicht werden wir dennoch nach einer Weile bemerken, dass es sich zwar auch um ein auf dem Kopf stehendes **W** handeln könnte, aber dann, selbst wenn wir uns entscheiden würden, dieses Phänomen sowohl als ein **W** wie auch ein **M** anzuerkennen, ließen wir zur selben Zeit das griechische Sigma und die anderen bisher erwähnten Möglichkeiten fallen. Aus diesem Grund ist jeder einzelne Moment unserer Wahrnehmung oder Erkenntnis natürlich eine Erkenntnis von etwas, aber dieses »etwas« bedeutet gleichsam ein, nennen wir es mal, ursprüngliches Potenzial zu begrenzen, das sich innerhalb dieser Situation als ein Buchstabe dieses oder jenes Alphabets manifestieren könnte, als eine Komposition aus Linien oder als ein paar unanständige Ziffern etc. All jene Beschreibungen verdecken also etwas oder vielmehr ein Etwas, das *irgendetwas* sein könnte, was unser Geist wünscht, dass es sei, und es könnte in der Tat jedes erdenkliche Etwas sein,

zumal es in sich selbst gerade eben nicht nur irgendetwas ist, denn es ermöglicht jedes Etwas, es geht jeder Dinglichkeit voraus. Es ist somit viel eher ein Unding, gerade weil es jedem Ding vorausgeht und weil es alles ermöglicht. Dieses ursprüngliche Potenzial wird auf einen bestimmten Aspekt in unserer Wahrnehmung reduziert, und dessen Reichtum wird somit auf jeweils nur eine Möglichkeit beschränkt. Wenn es ein M ist, kann es kein W sein; wenn es ein Sigma ist, können wir das M vergessen und so weiter. Obschon wir untergründig etwas spüren können oder vielmehr etwas mehr als nur ein M, ein W oder irgendeine andere der oben bereits erwähnten Optionen. Dieses Etwas in sich selbst ist beispielsweise kein M, aber es ist nicht nur kein M, weil es leer von M-heit *(rangtong)* ist, sondern es ist sogar noch mehr, weil es viel ausufernder als jede mögliche M-heit ist. In Übereinstimmung mit der *Rangtong*-Perspektive ist ein M leer – des M entzogen, soll heißen, es hat keine Essenz und das war's. Die *Shentong*-Perspektive erläutert, dass ein M leer ist – des M entzogen, jedoch nicht in Bezug auf ein Defizit, sondern vielmehr in Hinsicht auf Überschuss, was in der Tat den Mangel an Essenz überkompensiert, obschon unser Alltagsbewusstsein diesen Überschuss immer wieder auf eine einzelne Option reduziert. Leerheit aus *Shentong*-Perspektive ist aus diesem Grund überschäumend reich und nahezu unbeschreiblich, zumal der Überfluss in Worten gar nicht ausgedrückt werden

Ein Wort zum Unterschied zwischen rangtong und shentong

kann, denn Worte sind immer auf eine Möglichkeit begrenzt. Jener ursprüngliche Reichtum, mit dem wir durch die sehr limitierte Art und Weise unserer Wahrnehmung in Kontakt treten, ist in sich selbst weder ein M noch ein Σ etc. Ein M und ein Σ, vor allem weil es sich um Begrenzungen handelt, sind *etwas anderes* (Tib. *shen*) dieses Reichtums als solchem, und darum nennt sich dieser Reichtum *Shentong*, also leer in dem Sinne, dass es sich um Leerheit frei von etwas anderem handelt, frei von allem anderen, das nicht es selbst ist. Deshalb sollte Leerheit aus *Shentong*-Perspektive betrachtet nicht länger diesen Beigeschmack von Leiden hervorrufen, der sich aus dem Verlust jenes äußerst essenziellen *etwas* ergibt. Denn so betrachtet bleibt das Essenziellste an einem Gegenstand erhalten, auch wenn es sich nicht um die eindeutige Essenz der Sache handelt, sondern um Reichtum, der an Möglichkeiten überquillt. Was letztendlich fallengelassen wurde, ist nicht etwa die Essenz (sowieso war sie nie da), sondern vielmehr alles andere (*shentong*), das nicht jenes war, was das Phänomen im Tiefsten seiner Tiefe ist. Die *Rangtong*-Perspektive besagt, dass Dinge frei von Essenz sind. *Shentong* ergänzt die letztere Perspektive, indem es deutlich macht, dass die Leerstelle vor allem die Abwesenheit jedweder innerlicher Begrenzung ist, wodurch, noch gewaltiger als jene Essenz, der ursprüngliche Reichtum des in jedem Moment Geschehenden deutlich wird.

Aus diesem Grund lässt sich sagen, dass die *Shentong*-Perspektive *Rangtong* beinhaltet und darüber hinausgeht. Diese Abwesenheit von Essenz ist weder bloße Leerheit, noch ist sie eine absolute Leerheit. Sie ist Leerheit mit etwas mehr (*shen*), wobei es sich um ursprünglichen, jedes Phänomen manifestierenden Reichtum handelt.

Reichtum + Abwesenheit von Essenz =
Shentong

Und hier bietet sich die erste Möglichkeit, wie sich der Begriff *Shentong* verstehen lässt. Sie lässt sich auch in Form der folgenden Gleichung zum Ausdruck bringen:

Reichtum der Erscheinungen - vermeintliche Essenz =
Shentong

Der Begriff *Shentong* kann auch auf andere Weise erklärt werden, wie vorher schon erwähnt. Dann wird Leerheit als die absolute Abwesenheit von Einschränkungen aufgefasst, auf welche wir die Phänomene samt ihrem Reichtum einzudämmen versuchten. Leerheit (*tong*) ist hier das Fehlen von dem, was nicht zu den Phänomenen selbst in ihrer unendlichen Tiefe gehört.

Shentong = Leerheit als Reichtum der Erscheinungen
 - alles andere, das sie begrenzen könnte

Ein Wort zum Unterschied zwischen rangtong und shentong

Dies ist eine weitere Möglichkeit, *Shentong* zu interpretieren. Alles schön und gut, aber was ist dieses begrenzende »Andere«? Die Tibeter nannten es *kutag*, ein total intellektueller und konzeptueller Zugang, den man pragmatisch als Etikett oder auch Überlagerung bezeichnen könnte, die der unerleuchtete Geist auf die von ihm erfahrene Realität projiziert. Wenn wir jetzt wieder auf unser

M

zurückkommen, fällt es viel leichter, all jene Überlagerungen und den Mechanismus, der sie projiziert, zu erkennen.

Warum erkennen wir denn überhaupt in diesem externen Phänomen beispielsweise den Buchstaben **M**? Warum ist das so? Was lässt uns dieses Phänomen als den Buchstaben **M** erfahren? Dies wird – welch Überraschung – aufgrund der Inhalte der Festplatte unseres Geistes entschieden. Das lateinische Alphabet wurde uns schon beigebracht, als wir Kinder waren, und demzufolge erkennen wir nun einen dieser Buchstaben. Wären wir aus welchem Grund auch immer nicht zur Schule gegangen oder noch schlimmer, wären wir auf eine chinesische Schule gegangen, würden wir etwas komplett anderes erfahren – ein paar Linien oder Gekritzel (und wenn das noch nicht reicht – imperialistisches Gekritzel!). Demnach spielt der innere Gehalt unseres Geistes eine extrem wichtige Rolle bei der Wahrnehmung der äußeren Realität. Sind wir des lateinischen Alphabets mächtig, werden wir den Buchstaben **M** erkennen. Dies ruft sofort die seltsame aber keinesfalls unbegründete Frage hervor, ob, was auch immer wir als äußerlich erfahren, in der Tat überhaupt äußerlich ist. Ist das **M**, das wir vor uns erkennen, wirklich ein äußerliches Phänomen oder vielleicht doch nur unser veräußerlichter, aber noch immer, sozusagen, innerlicher Geist? Erinnert es letztendlich nicht gar an eine Fata Morgana in der Wüste, wenn der Geist so sehr in Gedanken an Wasser versunken ist, dass er schließlich beginnt es zu sehen; oder wenn wir jemanden erwarten, und bei jedem zweiten Passanten scheint es sich um diese Person zu handeln? Solange wir ein **M** vor uns entdecken, ist, was wir tatsächlich sehen, unser eigener Geist, um genau zu sein, seine veräußerlichte Projektion, sein Etikett, das der Erfahrung und dem Phänomen anhaftete und augenblicklich das Gesamtbild des Phänomens verschleierte.

Unser unerleuchteter Geist fährt damit fort, zu versuchen, jedes Phänomen, das wir erfahren, einzuschränken, indem er ihm seine Projektionen überstülpt wie ein Paar Socken. Zuerst versuchte er es als den Buchstaben **M** zu etikettieren, aber nun wissen wir bereits, dass es sich dabei nur um ein Etikett handelt. Wir befreien uns davon und machen weiter. Aber was sonst, wenn kein **M**? Vier Linien. Aber auch das ist nur ein weiteres Etikett. Weg damit! Was nun? Ein Klecks Tinte. Ein Etikett, nicht weniger. Wenn wir in der Lage wären, uns der Realität

Ein Wort zum Unterschied zwischen rangtong und shentong

ohne irgendwelche verschleiernden Überlagerungen dieser Art anzunähern, würden wir das Phänomen ohne die Projektionen unseres unerleuchteten Geistes erkennen. Wir würden das Phänomen als leer (*tong*) wahrnehmen, das heißt, jedweder Projektionen beraubt, die etwas anderes (*shen*) sind. Also

Shentong =
Leerheit als Abwesenheit von Projektionen

Versuchen wir doch einmal mit dem Verständnis von Leerheit noch ein Stück weiter zu gehen, indem wir all diese Interpretationen in eine einzige Interpretation zusammenführen, welche Leerheit als Fülle definiert. Deshalb hat das erfahrene
M
eine solche Plastizität (es nimmt zahlreiche Formen an: **W, M, Σ** etc.) und ist in sich selbst so reich wie der Geist, der es erfährt. Schließlich ist es doch der Geist, der dem Phänomen all diese Formen zuschreibt. Letztendlich gibt es dann gar keinen Unterschied mehr zwischen der dynamischen Leerheit des Phänomens und dem Nutzen, den der Geist aus dieser Leerheit zieht. Dieses
M
wurde anfänglich als Leerheit, die ganz voll ist, definiert, dann als der Reichtum des Geistes, welcher durch den Geist, entsprechend seiner Inhalte, Form annimmt.

Leerheit, die jedoch ganz voll ist

Die erste Erklärung nimmt sich der Sache aus dem Blickwinkel des Phänomens selbst an und wird dabei noch immer als äußerlich behandelt. Die zweite erläutert es aus dem Blickwinkel des wahrnehmenden Subjektes. Beide Erklärungen treffen sich genau im

M.

Es ist nicht weniger ausufernde Leerheit als ausufernder Geist. Leerheit ist nicht etwa etwas, das irgendwo verborgen unter den Überlagerungen, auf die der Geist sich einzuschränken versuchte. Der Begriff »Überlagerung« selbst – dies zumindest kann ich zugeben – ist falsch. Nichts wurde hier über irgendetwas gelegt. Unser Geist stößt hier nicht etwa auf eine Art äußere Leerheit, die er dann wie ein Paar Socken über seine Projektionen zieht. Zwar werfen wir die Socken über Bord, aber erst jetzt, nachdem wir sie verwendet haben. Diese Leerheit und der geschäftige Geist treffen sich am selben Ort, wo sie untrennbar sind. Ohne dieses

M

wären wir nicht in der Lage, Leerheit zu entdecken. Geschweige denn wären wir fähig, den Geist (der vorgibt, ein äußerliches Phänomen zu sein) zu erkennen. Beide, sowohl der Geist als auch die Leerheit, sind im selben Moment anwesend, und sie befinden sich am selben Ort der Erfahrung. Wenn wir eine Erfahrung interpretieren, dann fangen wir traditionell an mit jemandem, der erfährt (ein Subjekt), und

Ein Wort zum Unterschied zwischen rangtong und shentong

mit etwas, das erfahren wird (ein Objekt). Die Gemeinsamkeit der Faktoren besteht in dem, was wir eine Erfahrung nennen. Versuchen wir es doch noch einmal mit einer anderen Möglichkeit. Angefangen bei der Erfahrung selbst können sowohl die Wahrnehmung des Objektes wie auch das Objekt selbst von ihr abstrahiert werden. So gesehen sollte uns ihre Untrennbarkeit nicht überraschen. Dieses

M

konnte nur dann ein Buchstabe des Alphabets sein, wenn es als solcher wahrgenommen wurde. Es konnte kein Buchstabe in sich selbst sein, zumal es keine permanente unabhängige Essenz beinhaltet. Dessen Wahrnehmung ist aus diesem Grund die Summe von Leerheit und Geist. Wenn Leerheit und Geist untrennbar sind, dann wage man es bloß nicht anzunehmen, dass Leerheit nichts als Leerheit wäre. Leerheit ist exakt Leerheit (*tong*) und etwas anderes (*shen*), wobei es sich um Achtsamkeit oder Klarheit handelt, die es uns ermöglicht, das Phänomen, das aus ihr hervorgeht, wahrzunehmen.

Shentong = Leerheit + Bewusstsein
(Wahrnehmungsfähigkeit)

Hier handelt es sich um eine weitere – dritte Interpretation des Begriffs *Shentong*. Die Realität ist ein leeres, dynamisches Phänomen, das vom Geist wahrgenommen wird. Da es sich nicht um ein Ding handelt, ist es leer, aber es ist in der Lage, Phänomene, die spontan daraus hervortreten, zu erfahren. Erneut entpuppt sich die Welt als unser Geist. Der Geist endet weder an unserer inneren Schädelwand noch neben unseren Rippen, sondern er umgibt uns von überall! Es ist der Geist zusammen mit der Welt, die durch ihn geträumt wird. Hierbei handelt es sich nicht um irgendeine schreckliche Wahrheit, wie bereits dargestellt wurde. Die buddhistische Philosophie hat uns die Welt nicht genommen. Wirklich verändert hat sich nichts. Die Welt war auch schon Geist, bevor wir realisiert hatten, dass es sich um ein Konstrukt des Geistes handelt. Alles bleibt, wie es war, nur dass wir jetzt ein bisschen mehr über den Status der Welt wissen. Zudem haben wir entdeckt, wie reich unser Geist ist, zumal er sich jetzt offiziell wie die Welt verhält. Ist das nicht eine tolle Nachricht? Wenn wir uns nun umschauen, wird der Überfluss die unglaubliche Kraft, Unbegrenztheit und den Reichtum unseres Geistes bestätigen. Bei der Information, dass die Welt unser Geist ist, handelt es sich nicht etwa um eine geradewegs auf Depression hinauslaufende Straße für einen armen Kerl, der gerade alles verloren hat, sondern im Gegenteil: Sie ruft eine unglaubliche Wertschätzung hervor. Sie ist aus diesem Grund ein optimistisches Stück Information. Und tatsächlich fällt es schwer, sich eine Person vorzustellen, die über mehr inneren Reichtum verfügen könnte als jemand, der weiß, dass die Welt Geist ist. Buddhistische Philoso-

Ein Wort zum Unterschied zwischen rangtong und shentong

phie hat absolut kein Interesse daran, uns die Welt aus den Händen zu reißen und sie in ein irreales Märchen zu verwandeln. Weit gefehlt! Stattdessen beabsichtigt sie zuerst deutlich zu machen, wie reich unser Geist ist, wobei es ihr gelingt, die Welt ohne Mithilfe irgendeines äußeren Gottes zu erschaffen (Kann Buddhismus unter dieser Voraussetzung überhaupt als Religion bezeichnet werden?). Des Weiteren möchte sie uns mehr Freiheit zur Verfügung stellen, was von der Tatsache herrührt, dass unsere Probleme und Begrenzungen, obschon sie doch so real zu sein scheinen, letztendlich gar nicht so real sind. Letztendlich ähnelt das Spektakel der Realität, wie es uns jetzt erscheint, nachdem ihm die Last von den Schultern genommen wurde, eher einem Traum als dem Wachzustand. Dies ermöglicht uns, viel spielerischer damit umzugehen. Außerdem fällt es viel leichter, die Realität zu formen und mit ihr herumzuspielen, wenn sie direkt mit unserem Geist verbunden ist. Ganz anders wäre es, wenn man annähme, dass es sich dabei um eine unabhängige, separate Entität handeln würde. Damit ließe sich nicht so leicht umspringen, eben genau wegen der Äußerlichkeit und Unabhängigkeit. Buddhistisch betrachtet sind wir jedoch viel wundervoller und haben noch mehr Freiheit, als wir je angenommen haben mögen. Und weil wir über mehr Freiheit verfügen, ist es sicherlich schwierig, ein Mehr an Freude zu vermeiden, es ergibt sich einfach von selbst.

Letzten Endes stellen sich die *Rangtong*- und *Shentong*-Perspektiven als eine Übereinkunft heraus, weil die Gegenstände in beiden Fällen keine Essenz im Sinne einer Entität haben, die ihre Existenz garantiert. Dennoch sind sie Ausdruck verschiedener Temperamente. Die *Rangtong*-Perspektive wird wohl eher zu einem Geist passen, der es vorzieht, eine gewisse Distanz in Bezug auf die Phänomene zu bewahren, die doch sowieso nichts Besonderes sind, mit dem man sich abgeben müsste. Außerdem fällt es ziemlich leicht, deren Leerheit im Sinne der Abwesenheit einer fundamentalen Essenz zu beweisen. Wohingegen die *Shentong*-Perspektive für jene Geister anziehend sein wird, die mit den Erscheinungen zu flirten belieben. Eben jener Überschuss an Leerheit stellt eine perfekte Entschuldigung für eine leichtfertige Attitüde in Bezug auf sie dar. Er stellt auch einen Grund oder gar eine Ermutigung dar, spielerisch damit umzugehen. Wie könnte man die Welt überhaupt noch ernst nehmen, wenn sie doch ohne Essenz, traumähnlich und aufgrund dieses essenziellen Mangels so leicht zu bespielen ist? Und noch dazu fällt es schwer in dieser traumhaften Welt auch nur irgendetwas zu verderben, eben genau wegen ihrer traumähnlichen Natur. Die Welt als Geist ist leer – und dennoch geschieht sie. Sie geschieht trotz ihrer Leerheit. Also, worauf warten wir noch? Lasst uns den Tag ... ich meine, die Leerheit, formen!

8.
Das Zeitlose

Ein Wort zum ursprünglichen Bewusstsein

Entsprechend der Tradition dieser Belehrungen geschieht Verwirklichung genau im Hier und Jetzt. Daher ist es unerlässlich zu verstehen, dass die drei Zeiten nicht getrennt voneinander aufgestellt sind. Sie sind eins.

9. Karmapa Wangchug Dorje

Wir sitzen im Zug. Durch das Fenster des Zugabteils beobachten wir einen weiteren Zug auf dem gegenüberliegenden Gleis, der ebenfalls auf das Signal wartet. Die Pfeife trillert, und der Zug rollt an. Zuerst setzt er sich im Schneckentempo in Bewegung, wobei er die Zugabteile und Anhänger des anderen Zuges passiert. Allerdings schauen wir uns einen Moment später in unserem Abteil um und bemerken, dass wir getäuscht wurden. Nicht unser Zug bewegte sich, sondern der andere. Wir hatten nur angenommen, dass wir uns bewegen würden, als wir aus dem Fenster schauten. Dann entdeckten wir unseren Fehler, als wir uns im Abteil umsahen. Möge diese Eisenbahn-Erfahrung, die wir bestimmt alle miteinander teilen, als Einleitung für das bedeutendste Thema der buddhistischen Philosophie dienen – die sogenannte Buddha-Natur.

Etwas in uns selbst zu finden, das der Zeit widersteht – unser Körper scheitert daran kläglich – wäre sensationell. So eine Entdeckung mit ewiger Garantie nennt sich Buddha-Natur. Sie ist scheinbar bei jedem bewussten und fühlenden Wesen vorhanden. Freilich erscheint uns das Wort »ewig« heutzutage altmodisch und unnütz. Besonders weil unser rasanter Lebenswandel die Existenz der Zeit doch zu bestätigen scheint. Ohne sie könnte er sein exzessives Momentum gar nicht erlangen. Wir haben einfach keine Zeit mehr für die Ewigkeit. Deshalb fangen wir entweder erst gar nicht damit an, ihr nachzugehen (was wohl am häufigsten der Fall ist), oder – weil wir uns nicht an den dunklen Platz unter dem Leuchtturm erinnern können – wir suchen nach ihr in fernen und diffusen Regionen, die durch philosophische Begriffe wie zum Beispiel »Transzendenz« abgezirkelt werden, die genauso spannend wie schwer begreiflich sind.

Wie dem auch sei. Werfen wir doch mal einen Blick – ohne jetzt gleich die ganze Philosophie erforschen zu wollen – auf unsere gewöhnliche Alltagserfahrung. Auf all die unzähligen aufeinanderfolgenden Sekunden und deren kleinste Fragmente, von Geburt an bis jetzt: Lässt sich hier irgendetwas Permanentes entdecken, das sich niemals verändert hätte, etwas, das die ganze Zeit zwischen dem gegenwärtigen Moment und unserem – mehr oder weniger zurückliegenden – ersten Moment unverändert geblieben wäre? Ist es möglich innerhalb eines jeden Momentes unseres ununterbrochenen Erfahrungsstroms, des Lebens sozusagen, auch nur ein einziges Element zu finden, das die Zeit überdauern könnte? Gibt es irgendetwas Unveränderliches in all dem, dessen wir uns bewusst sind, abgesehen vom Vergehen der Zeit? Auf den ersten Blick sieht es so aus, als ob alles veränderlich sei: Unsere Körper verändern sich langsam, aber mit Gewissheit; unsere Gedanken und Gefühle, Stimmungen und Träume, Ansichten und Vorlieben verändern sich umso schneller, die Bilder vor unseren Augen, wenn wir unsere Aufmerksamkeit neu ausrichten, oder noch schneller, wenn wir unsere Augenlider senken und heben, allein sich ständig verändernde Geräusche, die uns zu Ohren kommen. Genau genommen handelt es sich um einen gewaltigen Strom von Veränderungen. Dennoch beinhaltet dieser Strom eine winzige Komponente, die immer gleich, zu jeder Sekunde identisch ist, aber ganz und gar offensichtlich, banal und geringfügig, dass sie schlichtweg unserer Aufmerksamkeit entgleitet. Die Tibeter drücken das Sprichwort – »Unter dem Leuchtturm ist es immer am dunkelsten« – folgendermaßen aus: »Es fällt nicht leicht, die eigenen Wimpern zu erblicken«, sie sind einfach zu dicht dran. Also, auf welches permanente Element beziehen wir uns hier? Es ist unser Bewusstsein. In jeder Sekunde, in der wir Erfahrungen machen, wird jeder Erfahrungsinhalt von einem Bewusstseinsakt begleitet – und ist schon immer davon begleitet gewesen. Von einem Akt der Vergegenwärtigung, der uns dieses oder jenes zu erfahren ermöglichte. Dass wir über Bewusstsein verfügen, versetzt uns schlichtweg überhaupt erst in die Lage, Erfahrungen zu machen, weil sonst keine Erfahrung möglich wäre; Erfahrung setzt immer ein Bewusstsein voraus, das erfährt, Erfahrung ist immer ganz gewiss Bewusstsein. Und diese, wie es scheinen mag, banale Tatsache, bewusst zu sein, ist bei jeder Erfahrung, die wir machen, immer dieselbe. Wir betrachten etwas, weil das Sehen ein Teil des Bewusstseins ist, wir fühlen, weil die Fähigkeit zu fühlen ein Teil des Bewusstseins ist, auch das Denken wäre ohne Bewusstsein nicht möglich. Aus diesem Grund beinhaltet jener beständige Strom aus sich verändernden Erfahrungen eine unveränderliche Komponente: Bewusstsein. Bei dieser bewussten Komponente unseres Erlebens, obgleich sie zunächst nur schwer auszumachen ist, handelt es sich bei näherer Betrachtung um ein gewaltiges Phänomen. Weitaus gewaltiger als wir vorerst annehmen mögen, zumal es ohne diese Fähigkeit, bewusst zu sein, keine Gedanken, Gefühle oder Träume gäbe. Wir wären uns ihrer einfach nicht bewusst – so einfach! Ohne diesen Akt des bewussten Seins wären wir nicht in der Lage festzustellen, dass wir eben wir sind, und folglich wären wir unfähig, uns einen Begriff von unserer Identität zu machen, welche – wie wir gemeinhin gern anzunehmen belieben – jeder Erfahrung vorausgeht. Es ist zwar möglich, sich unsere Erfahrung ohne all diese besonderen Eindrücke wie Gedanken oder Gefühle vorzustellen, zumal diese jeweils über unzählige Stellvertreter verfügen, aber es ist kaum möglich, sich vorzustellen, eine Erfahrung zu machen, ohne über die Fähigkeit zu verfügen, bewusst zu sein – kurz gesagt, ohne Bewusstsein.

Ein Wort zum ursprünglichen Bewusstsein

Angenommen das Zugabteil, in dem wir sitzen, wäre unser Bewusstsein. Wir schauen aus dem Fenster, was so viel heißt wie, wir erfahren die Welt. Das Fenster (unseres Zugabteils) und das Zugabteil selbst sind tatsächlich reglos – was sich in Wirklichkeit ändert, sind die vorbeiziehenden Bilder. Weder verändert sich unser Bewusstsein noch bewegt es sich – das Einzige, was sich verändert, sind die darin aufscheinenden Inhalte. Unser Zug bewegt sich nirgendwohin, das Trugbild der Reise wurde nur durch die am Fenster vorbeifahrenden Bilder erzeugt. Unser Bewusstsein reist nicht durch die Zeit. Im Gegenteil! Die Illusion der Zeit, durch die wir mutmaßlich gereist oder dahingegangen sind, rührte von den ständig wechselnden Inhalten unseres Bewusstseins her. Unser Bewusstsein spielt sich nicht innerhalb der Zeit ab – es ist die Zeit, die sich im Bewusstsein entfaltet. Die Zeit befindet sich *darin*, aber es gibt keine Zeit *dafür*, für das Bewusstsein selbst! Die Zeit geht dem Bewusstsein niemals voraus, noch umfasst sie es. Aus diesem Grund kann das Bewusstsein nicht als etwas Vergängliches, das erscheint, herumspielt und wieder verschwindet, betrachtet werden. Das Bewusstsein selbst, als eine Bedingung für dieses Zeitspiel, ist kein Gegenstand der Zeit. Aus exakt diesem Grund, dadurch, dass es nicht durch Zeit abgenutzt wird, kann es unverändert bleiben.

Welche Bilder auch immer am Fenster unseres Zugabteils aufscheinen mögen, es ist noch immer dasselbe Fenster desselben Zugabteils. Ganz gleich wessen wir uns bewusst sind oder was wir erfahren, der ganze Akt bewusst zu sein ist *noch immer* derselbe und zwar *darum* derselbe, weil es an zwei aufeinanderfolgenden Momenten unserer Erfahrung nichts gibt, dass sich verändern würde. Wenn die Bewusstseinsakte an zwei aufeinanderfolgenden Momenten unserer Erfahrung identisch sind, dann sind sie – Hand aufs Herz – ein und derselbe Akt des Bewusstseins. Und eben genau diese zwei aufeinanderfolgenden Momente des Erfahrens sind in der Tat zwei Momente desselben, sie beinhaltenden, Aktes. Was auch immer vergegenwärtigt wird, geschieht im selben Bewusstsein und wird durch denselben Akt, bewusst zu sein, verstanden. Der Fensterrahmen ist noch immer derselbe Rahmen, außer dass er immer wieder neue darin erscheinende Bilder einfasst. Unser Bewusstsein stellt immer denselben Rahmen für die zahlreichen Erfahrungen, die darin wahrgenommen werden.

Entsprechend der buddhistischen Philosophie kann die Art und Weise, wie unser Bewusstsein wahrnimmt, als »Hier und Jetzt« bezeichnet werden. Diese Tatsache ist ebenso banal wie fundamental: Das, was wahrgenommen wird, geschieht genau hier, im Angesicht dieses und keines anderen Bewusstseins, und zudem genau jetzt – weder früher noch später. Auch in der Vergangenheit erfuhr unser Bewusstsein das, was es erfuhr, im Hier und Jetzt. Gleichsam wird

Ein Wort zum ursprünglichen Bewusstsein

unser Bewusstsein all unsere zukünftigen Erfahrungen im Hier und Jetzt erfahren. Unsere Erinnerungen spielen sich, obwohl sie sich auf die Vergangenheit beziehen, hier und jetzt ab. Dasselbe trifft auf unsere Zukunftspläne zu. Auf diese Weise funktioniert unser Bewusstsein immer gleich, indem es alles hier und jetzt erfährt, unabhängig davon, ob es sich dabei um Vergangenheit, Gegenwart oder Zukunft handelt. Das Hier und Jetzt ist aus diesem Grund ein und derselbe Bewusstseinsakt, der Vergangenheit, Gegenwart und Zukunft umfasst. Es ist kein gegenwärtiges Hier und Jetzt, sondern ein ewiges Hier und Jetzt, weil es sich in jedem einzelnen Moment von Vergangenheit, Gegenwart und Zukunft, also in jedem einzelnen Moment der drei Zeiten, wie es die buddhistischen Philosophen zum Ausdruck bringen würden, um ein unveränderliches Erfahren handelt – bewegungslos und zeitlos. Von Geburt an bis zu diesem gegenwärtigen Moment hat sich dieses Hier und Jetzt unseres Bewusstseins noch nicht um einen Jota verändert – es ist noch immer ein und dieselbe Gegebenheit, die sich über unser gesamtes Leben ausdehnt und die jede einzelne Erfahrung umfasst, indem sie ihr denselben Geschmack eines allgegenwärtigen Bewusstseins vermittelt, das allem ermöglicht zu geschehen. Was sich verändert hat, ist das, was hier und jetzt erfahren wurde. Aus dieser Veränderlichkeit trat die Illusion der Zeit hervor, von der man annahm, dass sie auch uns selbst enthalten würde. Dieses Hier und

Jetzt ist immer ein und dasselbe Hier und Jetzt, und es verwandelt sich nie in ein fast identisches und dennoch anderes und aus diesem Grund verschiedenes Hier und Jetzt. Dieses »Hier« kann genau deshalb kein anderes, verschiedenes »Hier« werden, genau weil es hier und nirgendwo anders ist. Dieses »Hier« tritt nie aus sich selbst hervor. Es verhält sich nie so, als wäre es ein anderes »Hier«. Genauso kann »Jetzt« nicht einfach ein anderes »Jetzt« werden, weil »Jetzt« als »Jetzt« nicht damit aufhören kann, dasselbe »Jetzt« zu sein – wann könnte es sich jemals in ein anderes »Jetzt« verwandeln? Es würde überhaupt keinen Sinn ergeben, wenn »Jetzt« ein anderes »Jetzt« werden würde, weil das bedeuten würde, das genau jetzt dieses »Jetzt« nicht mehr dieses »Jetzt« wäre, sondern ein anderes. Wenn es hier und jetzt ist, muss es für ewig und jenseits von Zeit sein.

Unser Bewusstsein steht still – wie der eben schon erwähnte Zug am Bahnsteig. Und sein Hier-und-Jetzt-Bewusstsein ist das Fenster, durch welches wir nach draußen schauen. Was auch immer sich verändert, sind die Bilder, die darin erscheinen. Je mehr wir uns auf diese Bilder konzentrieren, scheinen wir durch die Zeit und deren gravierende Konsequenzen beeinflusst zu werden. Anderseits: Je mehr Aufmerksamkeit wir der Tatsache schenken, dass wir uns dieser Bilder bewusst sind, desto mehr bewegen wir uns von Zeitlichkeit in Richtung Nicht-Zeitlichkeit *(paramita)*, wobei es sich um nichts Geringeres als

Ein Wort zum ursprünglichen Bewusstsein

unser Hier-und-Jetzt-Bewusstsein handelt. Dies ist das Ziel buddhistischer Meditation.

Wie könnte Zeit überhaupt je existieren? Die Tatsache, dass sie real zu sein scheint, ist kein Beweis, denn ein In-Erscheinung-Treten kann nur das In-Erscheinung-Treten belegen. Wenn wir zum Beispiel annähmen, dass Zeit aus Minuten bestehen würde, dann müsste sie eine große Anzahl von Minuten beinhalten, die schon vergangen sind und somit nicht mehr existieren. Sie müsste zudem eine große Anzahl von Minuten beinhalten, die noch nicht vergangen sind, weil sie zur Zukunft gehören. Schließlich müsste die Zeit eine gegenwärtige Minute beinhalten, die sich schwer dinglich machen ließe – wann könnte eine solche Minute nur je begonnen haben? Etwa jetzt? Und wann endete sie? Ebenfalls jetzt? Wenn die Gegenwart darüber hinaus ein Punkt auf einem Zeitstrahl wäre, irgendwo zwischen Vergangenheit und Zukunft, so könnte es sich als unmöglich erweisen, diesen sich zwischen zwei Momenten befindenden Punkt zu lokalisieren – dem einen, der noch nicht da ist, während der andere nicht mehr existiert. Zudem sieht die Gegenwart aus der Perspektive der Vergangenheit wie die Zukunft, aus der Perspektive der Zukunft jedoch wie die Vergangenheit aus. Ist sie also letztendlich gegenwärtig oder ist sie es nicht – zumal sie doch vergeht? Zeit, die sich aus drei nicht existierenden Komponenten zusammensetzt, ist – euphemistisch formuliert – nicht wirklich real. Ist es sinnvoll, sich darüber den Kopf zu zerbrechen? Zeit existiert nicht, sie stellt lediglich eine unerleuchtete Art und Weise dar, die Welt zu erleben.

Diese unerleuchtete Art und Weise des Wahrnehmens ist ein Teil unseres Bewusstseins, das in sich selbst, wie wir nun erkannt haben, zeitlos ist. Aus dessen zeit-loser Perspektive macht die folgende quälende Frage nicht mehr viel Sinn: »Wie fing das alles an, wo ist nur der Anfang des sogenannten Samsara oder der unerleuchteten Art des Erfahrens?« Die Frage ist in etwa genauso legitim wie die Frage, welche Fabrik denn das Auto unserer Träume produziere. Es gibt nur zeitloses Bewusstsein, das sich durch seine ständig wechselnden Inhalte bewegt. Wie sollte das alles jemals nur angefangen haben?

Bewusstsein, um es klar und deutlich zu formulieren, ist das, was durch unsere Augen sieht und durch unsere Ohren hört (sofern es wegen der wilden Party letzte Nacht nicht genau andersherum zu sein scheint). Dieses entweder die äußere Welt oder die innere Welt unserer Gedanken und Gefühle beobachtende Bewusstsein ist wie ein Passagier, der durch das Fenster des Zugabteils hinausschaut – es hat niemals sich selbst gesehen. Insofern ist es wie ein Auge, das alles, außer sich selbst, sehen kann. Damit ein Auge sich selbst sehen kann, braucht es einen Spiegel. Darin bestehen Sinn und Zweck buddhistischer Meditation. Sie ermöglicht dem Bewusstsein, sich selbst zu betrachten und sich im Abteil unseres Zuges

Ein Wort zum ursprünglichen Bewusstsein

umzusehen, der niemals die Station im Hier und Jetzt verlassen wird. Sie macht es dem Bewusstsein möglich, von dem, was bisher seine Aufmerksamkeit in Anspruch genommen hatte, abzusehen und schließlich auf sich selbst zu schauen. Dieses Bewusstsein, das sich nun vielmehr seiner selbst als der sich ständig verändernden äußeren Objekte oder unserer unbeständigen inneren Zustände bewusst ist, macht qualitativ betrachtet eine komplett andere Erfahrung im Vergleich zu dem, was es bisher erfahren hat. Es ist nun bewusst, ohne sich irgendeiner Sache bewusst zu sein. Selbst wenn es keine Form oder kein Objekt gäbe, dessen sich das Bewusstsein bewusst sein könnte, wäre es bewusst, zumal es dann diese zeitlose Erfahrung des Hier und Jetzt beinhalten würde. Wenn sich das Objekt des Bewusstseins nicht verändert, steht die Zeit still, sie hört auf zu fließen, denn es gibt nun keine Veränderung mehr, die erneut die Illusion der Zeit heraufbeschwören würde. Sowohl das Bewusstsein als auch dessen Gegenstand sind ein und dieselbe Sache, sie sind eine untrennbare Einheit. Das Objekt (also Bewusstsein), das Subjekt (also Bewusstsein) und die Tat, wobei es sich um das Erfassen des Vorherigen durch das Letztere (also Bewusstsein) handelt, sind nicht verschieden, sondern Teil einer unteilbaren Ganzheit. Dies ist der authentischste Moment unserer Erfahrung, in dem sich etwas Unveränderliches zeigt, nämlich ein Moment von Ewigkeit. Und zu diesem Moment kann man dann sagen: »Verweile doch!«, und zwar nicht nur, weil er so schön ist, sondern auch weil bei dieser Erfahrung keine Zeit zugegen ist. Somit handelt es sich bei unveränderlicher Dauerhaftigkeit um den natürlichsten, offensichtlichsten und zufriedenstellendsten Zustand unseres Bewusstseins, denn er geht nicht vorüber.

Die Angelegenheit hat trotzdem noch einen Haken, insofern, als das Bewusstsein keine Sache ist. Unser Bewusstsein hat bisher nur Objekte wahrgenommen – also ein paar Gegenstände, derer es sich bewusst sein konnte. Es wird sicher nicht leichtfallen, etwas zu lernen oder sich an etwas zu gewöhnen, das kein derartiges Objekt ist. Das Bewusstsein selbst ist kein solches Ding, denn es ist nur ein Akt des bewussten Seins; und genau diese Gegebenheit macht es nicht einfach, jenen Prozess überhaupt wahrzunehmen. Genau aus diesem Grund können wir, wenn wir in uns hineinschauen, selbst wenn wir auch zutiefst und mit vollem Recht davon überzeugt sein sollten, dass sich dort irgendeine Art von »Erleber« befinde, diesen »Erleber« ohnehin nicht finden. Es ist eine Herausforderung, etwas zu erkennen, das weder irgendwer noch irgendwas ist, sondern bloß reines Bewusstsein oder die Fähigkeit, Erfahrungen zu machen; es handelt sich hierbei nicht um ein gedankenähnliches oder bildähnliches Objekt wie bei jedem einzelnen Ding, wonach unser Bewusstsein bis dato Ausschau gehalten hatte. Das eigene Bewusst-

Ein Wort zum ursprünglichen Bewusstsein

sein kennenzulernen erfordert ein wenig Übung – allem voran Meditation. Dieses Training ermöglicht uns, sich an unser Bewusstsein, oder um es klassisch zum Ausdruck zu bringen, an unsere Buddha-Natur zu gewöhnen. Wenn man voraussetzt, dass jedes Wesen fähig ist, Erfahrungen zu machen, was wir Bewusstsein nennen, verfügt jedes Wesen über die Buddha-Natur. So wird es auch in den klassischen Texten beschrieben.

Um uns dieses unbegreifliche und doch ständig gegenwärtige Bewusstsein ein wenig näher zu bringen, vergleicht die buddhistische Philosophie es mit dem Raum. Ein gutes Beispiel! Tatsächlich unterschätzen wir den Raum für gewöhnlich, indem wir denken, er wäre nichts als ein leeres, die Objekte umgebendes Feld, das viel weniger real und bedeutend sei als diese. Tatsächlich ist durchaus das Gegenteil der Fall. Wir können uns leicht den Raum ohne Objekte darin vorstellen, während es schwerfällt, Objekte ohne Raum zu visualisieren. Zuerst einmal müssten sie etwas Platz haben, um zu erscheinen, zweitens sind sie nicht bloß von Raum, den der Raum zur Verfügung stellt, umgeben, sondern sie sind gleichermaßen von Raum durchdrungen, so als wären sie aus Raum gemacht. Wenn es Ihnen schwerfällt, sich damit einverstanden zu geben, dann versuchen Sie sich doch mal einen Tisch ohne Raum vorzustellen, also ohne Länge, Breite und Höhe. Der Raum durchdringt Gegenstände auf viel tiefgründigere Weise, als es auf den ersten Blick scheint. Und was noch schlimmer, beziehungsweise genau genommen noch besser ist: Der Raum durchdringt und macht sogar Dinge möglich, die nicht-räumlich sind, wie unsere Gedanken und Gefühle, die, obwohl sie weder über Länge noch Breite oder Höhe verfügen, trotzdem ganz gewiss in uns verortet sind – sie wandern zwar nicht im Zimmer umher, aber durch den Geist in unseren Köpfen, also durchaus in einer Art Raum, dem Ort, an dem sie geschehen, ohne den wir nicht in der Lage wären, sie zu erfassen oder zu erleben. Ist es möglich, unsere Gedanken und Gefühle aus dem bewussten Raum, in dem sie sich abspielen, herauszulösen?

Hier gleiten wir unbemerkt vom Raum zum Bewusstsein hinüber, wie es für diese Art von Philosophie durchaus natürlich ist, wobei Bewusstsein zudem auch die sogenannte äußere Welt mit einschließt.[21] Wo wird diese denn wahrgenommen, wenn nicht im Raum unseres Bewusstseins? Hätten wir überhaupt irgendeine vage Idee oder Erfahrung von der äußeren Welt, wenn nicht durch den Raum unseres Bewusstseins? Ist das Außen nicht nur deshalb das Außen, weil sich ein Bewusstsein darüber bewusst ist und es als Außen erfährt? Es ist der Geist, soweit das Auge des Geistes reicht. Die buddhistische Philosophie bezieht sich auf diesen bewussten Raum

---

21 Vgl. Kapitel 4 und 7.

als die Ausdehnung der Phänomene, die offene Weite, in der sämtliche Erfahrungen zutage treten, was die Einteilung in Subjekt und Objekt mit sich bringt, die Einteilung in uns selbst auf der einen und die äußere Welt auf der anderen Seite. Diese Aufteilung entpuppt sich jedoch erneut als Illusion, denn je mehr wir die äußere Welt und das Subjekt, das sich »Ich« nennt, erkunden, desto weniger lässt es sich finden, und was am Ende übrig bleibt, ist ein raumgleiches, unpersönliches Bewusstsein, das die Vorstellungen von uns selbst sowie die sogenannte äußere Welt beinhaltet, welche beide von Bewusstsein eindeutig untrennbar sind. Die Taktik, mit der sich dieses unpersönliche Bewusstsein entdecken lässt, besteht aus den oben genannten Gründen darin, ein paar steife Vorstellungen in Bezug auf die Welt, die von uns wahrgenommen wird, aufzugeben – und auch in Bezug auf den, der sie erfährt. Hier tendiert der durchschnittliche europäische Geist dazu, zu protestieren, wenn er hört, dass es etwas aufzugeben oder gar aufzulösen gäbe, noch dazu etwas, was von größter Bedeutung zu sein scheint, nämlich unser Ego. Aus buddhistischer Perspektive betrachtet ist dies jedoch der beste Deal, den man sich vorstellen kann: Wir geben etwas auf, das vorher gar nicht da war – unser illusorisches Ego – und erhalten im Gegenzug dafür alles: zeitloses, all-umfassendes Bewusstsein, das allem ermöglicht, sich zu ereignen. Es ist genau dieser Bewusstseinsraum, in dem sich der Traum immer abgespielt hat mit seinem Helden und der uns umgebenden Welt, die vielleicht sogar in der Rolle eines Tigers erschien, der uns nachjagte. Wenn dieses allumfassende Bewusstsein verwirklicht wird, muss der Traum nicht verschwinden, aber er hört auf, eine Illusion zu sein, sobald er als Traum erkannt wird. Wir verlieren nichts und gewinnen umso mehr: absolute Freiheit von jeglichen erfundenen Bildern von uns selbst oder der Welt.

In unserer Alltagserfahrung verwenden wir dieses buddhistische Absolute ständig, ohne es zu wissen, ungeachtet der Tatsache, dass es genau die Gegenwart jenes reinen, ursprünglichen Bewusstseins ist, die jeder möglichen Erfahrung Raum gibt. Darum sagen die Tibeter, dass die Buddha-Natur ein Ausgangspunkt für die buddhistische Praxis ist. Deren Ziel besteht darin, dieses Absolute zu verstehen, das in unserer Erfahrung ständig zugegen ist. Während die Methode, die uns dazu befähigt, darin besteht, das Bewusstsein auf sich selbst zu lenken. Das geschieht durch jede Art von Meditation und kann darüber hinaus auch im Alltag praktiziert werden, indem man versucht, sich nicht nur dessen bewusst zu sein, was geschieht, sondern auch der Tatsache, dass man sich dessen, was geschieht, bewusst ist. Letztendlich kann uns nur das Bewusstsein davon, dass wir bewusst sind, zum Erkennen der Buddha-Natur führen, wobei es sich um nichts anderes als Bewusstsein handelt, das sich seiner selbst bewusst ist, ohne jedwede Trennung

Ein Wort zum ursprünglichen Bewusstsein

zwischen dem, was bewusst ist, und dem, worüber es sich bewusst ist. Auf diese Weise dehnt sich die Meditation über unseren gesamten Alltag aus, und jeder Moment wird zu einem Schritt in Richtung Verwirklichung der Buddha-Natur. Aus diesem Grund geht es bei der Methode der Verwirklichung der Buddha-Natur auch darum, sich kontinuierlich zu bemühen, in dieser Natur zu verweilen. Deshalb ist die Buddha-Natur sowohl die Grundlage des buddhistischen Weges als auch dessen Methode und dessen Ziel. Wir beginnen und enden genau dort, wo wir uns befinden, hier und jetzt. Unser Zug braucht den Bahnhof nicht zu verlassen, besonders weil es sich dabei eigentlich schon um die Endhaltestelle handelt.

9.
Die Dominanz des Gehirns
Ein Wort zur Selbstüberschätzung

Die Tatsache, dass Körper und Geist gleichzeitig zugegen sind, stellt weder sicher, dass es sich dabei um die Grundlage handelt, noch was sich auf sie gründet.

7. Karmapa Chödrag Gyatsho

Eine simple Tatsache scheint jedoch dem ganzen Konzept dieser buddhistischen Philosophie zu widersprechen, die das Bewusstsein bis zu einem Grad privilegiert, dass es sich hierbei um die ganze Welt zu handeln scheint: die Tatsache, dass das Bewusstsein vom Gehirn produziert wird. Manche sagen sogar, dies sei ein wissenschaftlich bewiesenes Faktum. Vor vielen Jahrhunderten wurde dieser fundamentale Gegenstand von buddhistischen Philosophen als Teil ihrer Auseinandersetzung mit dem Materialismus diskutiert, laut dem die Materie das Bewusstsein hervorbringe, und bis heute haben einige dieser Argumente nichts von ihrer Schlagkraft eingebüßt.

Im Verlauf der Jahrhunderte lernte Europa das Gehirn mehr und mehr schätzen. Anfänglich nahm man an, dass es für Haarausfall verantwortlich zeichne. Aristoteles brachte es wie folgt zum Ausdruck: »Wen man daher erwägt, daß das Gehirn an sich wenig Wärme besitzt, daß also die es umgebende Haut noch weniger haben muß, und wiederum noch weniger die Haare, da diese am weitesten entfernt sind; so ist es erklärlich, daß bei demjenigen, welche viel Samen verbrauchen, in diesem Lebensalter das Kahlwerden eintreten muß. Aus derselben Ursache werden sie auch nur an der Vorderseite des Kopfes kahl und von allen Thieren nur die Menschen, und zwar an der Vorderseite, weil dort das Gehiern ist, und der Mensch allein, weil er bei weitem das größte und feuchteste Gehirn hat. Und auch die Frauen werden nicht kahl, weil ihre Natur der der Kimber entspricht. Beide nämlich können keine Samenabsonderung zu Stande bringen. Ebenso werden auch die Verschnittenen nicht kahl, weil sie in die weibliche Natur umschlagen.«[22] Beachten wir hierbei die bemerkenswerte Kennerschaft der weiblichen Natur wie auch das galante Benehmen, das für die europäischen Misogynen so typisch ist, namentlich die Philosophen.

Was für uns hierbei jedoch von Bedeutung scheint, ist die Information, dass das Gehirn hauptsächlich aus jenem offensichtlichen Grund für die Kahlköpfigkeit verantwortlich zeichnet, dass »das Gehirn [...] von allen Theilen des Körpers am kältesten [ist], und bei solchen Wesen, welche kein Gehirn haben, ist es der dem Gehirn entsprechende Teil«[23]. Immerhin, einige Lücken im Theoriegebilde des Vaters der europäischen Philosophie und Logik wurden im Verlauf der Geschichte ausgebessert. Viele Jahrhunderte später sprach Descartes dem Gehirn richtigerweise eine

---

22 Aristoteles: Von der Zeugung und Entwickelung der Tiere. In: *Aristoteles' Werke*, übers. v. H. Aubert und Fr. Wimmer, Leipzig 1860, S. 381, 784a-b.
23 Aristoteles: Vom Schlafen und Wachen. In: *Aristoteles Werke*, Die Kleinen naturwissenschaftlichen Schriften, übers. v. H. Bender, Stuttgart o. J., S. 58, 457a.

signifikantere Rolle zu, indem es eine Verbindung zwischen dem Körper und der Seele herstelle, jedoch nur dank der Zirbeldrüse, von der man annahm, dass sie als ein Übergang zwischen zwei heterogenen Sphären agiere. Auf diese Weise entwickelte sich die Rolle des Gehirns nach und nach von »intrakraniellem Speiseeis« über eine Verbindung zur spirituellen Welt bis hin ins 20. Jahrhundert, als es praktisch zur Seele wurde, von der man annahm, dass jene nicht weniger als der Produzent des Bewusstseins selbst sei. Wissenschaftler, zum Glück nur einige von ihnen, zeigen einige Schnittbereiche des Gehirns auf, die von hochmodernen Scannern angefertigt werden, welche Gehirnaktivitäten aufzeichnen, die dann als farbenfrohe Punkte in verschiedenen Bereichen des Gehirns sichtbar werden. »Das ist das Bewusstsein!«, sagen sie mit unerschütterlicher Gewissheit, während sie darauf verweisen. Endlich scheint alles glasklar – das Bewusstsein ist nicht mehr als eine blassrosafarbene Schmiere in der Frontseite unserer Schädel.

Hier wird das Bewusstsein zu einem Hirnabschnitt, welcher von nun an als eine endokrine Drüse wahrgenommen wird. An dieser Stelle steigt die Physiologisierung des Bewusstseins ein, wenn man so sagen kann, denn das Bewusstsein wird somit zu einem physiologischen Resultat unseres Körpers. Nun aber sieht die Situation gar nicht mehr so farbenfroh wie noch der Scan von eben aus, zumal die Konsequenzen eines solchen Denkansatzes für gewöhnlich weitreichend sind und zudem selten von jenen mitberücksichtigt werden, die solche Blickwinkel in Betracht ziehen.

Bevor wir uns nun den zuvor erwähnten Konsequenzen zuwenden, lasst uns aber dennoch einmal zu Gemüte führen, wie Bewusstsein dem Anschein nach durch das Gehirn hervorgebracht werde. Es existiert also die Annahme, dass elektrochemische Reaktionen von einem bestimmten Moment an zu Bewusstsein werden beziehungsweise bewusste Prozesse hervorbringen. Lasst uns diese Annahme hinterfragen und *ab ovo* beginnen. Wenn Ei und Samen sich begegnen, ist das alles andere als eine Zusammenkunft zweier Intellektueller. Beide Parteien sind gleichsam gedankenlos. Was daraus resultiert, ist eine Zygote, die wiederum nicht besonders reiflich über ihre zygomatische Existenz reflektiert. Dann, ab einem bestimmten Stadium jedoch, nachdem sie sich durch den Prozess der Zellmultiplikation hinreichend verkompliziert hat, entsteht ein erster Klick, und der Bewusstseinsprozess nimmt seinen Lauf. Richtig, aber wann genau? Von diesem Moment an sind rein physiologische Prozesse alles, was sich abspielt: Das Gehirn besteht aus mehr oder weniger geordneter elektrischer Aktivität, welche das Resultat des Austauschs von elektronischen Potenzialen entlang der Zellmembranen der Neuronen sind. Und plötzlich entsteht dann in einem Moment das Bewusstsein. Aber worin besteht der Unterschied zwischen einem lebendigen Gehirn, das noch kein Bewusstsein produziert, und einem anderen, das damit schon beschäftigt ist? Im materiellen Sinne sehen sie identisch aus. Wo also befindet sich der fundamentale Unterschied, der unseren menschlichen Status determiniert, wenn wir einmal die historische Definition von Menschen als Tiere akzeptieren, die mit Vernunft ausgestattet sind. Wann und wie wird Gehirnaktivität zu Bewusstsein? Wie und wann ereignet sich die Produktion von Bewusstsein, das sich so von der reinen Ionenbewegung unterscheidet? Wenn wir (wie von Leibniz empfohlen) das Bewusstsein genauer betrachten würden, und wenn wir in der Lage wären, die gesamte dort stattfindende Vielfalt physikalischer Prozesse in Augenschein zu nehmen – hauptsächlich die Bewegung der Moleküle – dann würden wir rein gar nichts, als eben diese Prozesse, entdecken. Und selbst wenn wir fähig wären, Hitze, welche grundsätzlich auf Bewegung von Molekülen beruht, wodurch sie im Übrigen definiert wird, nicht nur zu fühlen, sondern auch zu sehen, wie ließe sich diese Bewegung dann nutzen, um etwa das Denken und Fühlen zu erläutern, geschweige denn etwas noch viel Komplizierteres: die Fähigkeit zu erleben, wobei es sich um den Zustand des Geistes selbst handelt. Die Verfechter des Reduktionismus, dem es hauptsächlich darum geht, den Bewusstseinsprozess auf bloße Hirnaktivität zu reduzieren, glauben, dass Bewusstsein viel mehr ein Gehirnzustand als ein Bewusstseinszustand sei, und folglich sei es möglich, Denken als eine Bewegung von Molekülen durch die Membran eines Neurons zu beschreiben. Dennoch ist es schwer vorstellbar, wie sich begreifen ließe, dass die Bewegungen und Interaktionen einer ganzen Menge chemischer Substanzen mehr als nur Bewegungen und Interaktionen seien – und so viel mehr, dass dabei ein signifikant höherer Qualitätssprung entstehen könne als zum Beispiel bei der Veränderung der Eigenschaften, die durch chemische Synthese entstehen. Dabei weisen Moleküle aufgrund der chemischen Reaktion vollständig andere Eigenschaften auf als die Elemente, aus denen sie entstanden sind (und diese Eigenschaften lassen sich, obschon sie sich so vehement voneinander unterscheiden, leicht durch physikalische Faktoren erklären). Dieses komplizierte System aus Neuronen mit Millionen Verbindungen und Querverbindungen bietet keine ausreichende Erklärung, zumal es sich lediglich um die höchst anspruchsvolle Verwicklung eines physikalischen Systems handelt.

Die Tatsache, dass ein physikalischer Prozess einen weiteren physikalischen Prozess provozieren kann, scheint ziemlich offensichtlich. Ebenfalls mag ein bewusster Vorgang aus einem anderen bewussten Vorgang herrühren[24] (sofern wir geradewegs annehmen, dass ein Bewusstseinsprozess ein einfacher Ausdruck einer Gehirnaktivität sei). Die buddhistischen

---

24 Übrigens beruht die buddhistische Theorie der Reinkarnation auf dieser Annahme.

Ein Wort zur Selbstüberschätzung

Philosophen, allen voran Dharmakirti, würden diese Perspektive ausdrücklich unterstützen, jedoch werfen sie ebenfalls die Frage auf: Wie kann Materie Bewusstsein produzieren, oder um es klar und deutlich zu formulieren: Wie kann ein physikalischer Prozess die Ursache eines nicht-physikalischen Prozesses sein?

Für diese Frage, die, vor allem wenn man physikalische Prozesse analysiert, nicht ohne Weiteres beantwortet werden kann, interessieren sich Neurophysiologen aber häufig nicht so sehr. Sie stellen für gewöhnlich eine riskante Vermutung auf, die letztendlich auf die Feststellung hinausläuft, dass es den sogenannten Dualismus zwischen Körper und Seele nicht gäbe, also jenen fundamentalen Unterschied zwischen Körperlichkeit und Bewusstsein. Diese Unterscheidung mag in der Tat nicht so einfach und offensichtlich sein, aber andererseits ist unsere anfänglich voreilige Übereinkunft, dass Denken Elektrizität sei, genau genommen eine Annahme, die wir später zu beweisen beabsichtigen, indem wir aufzeigen, dass die elektrische Aktivität des Gehirns mit einem Bewusstseinsprozess gleichzusetzen ist.

Wie auch immer, das Einzige, was hier bewiesen wurde, ist, was wir vorher schon angenommen hatten, wobei es sich wohl kaum um eine solide wissenschaftliche Grundlage handelt. Nachhaltig ist jedoch jene reduktionistische Tendenz, die uns dazu verleitet, diesen, man könnte meinen, winzigen Schritt von einer bloßen Vermutung in Richtung einer dogmatischen Behauptung zu gehen. Es mutet an, als würden sich die Reduktionisten nicht allzu sehr über die Bedingungen der Möglichkeit sorgen, um ihre langersehnte Reduktion anwenden zu können. Stattdessen tendieren sie – zumal Reduktionismus nicht mehr als eine Tendenz ist – eher dazu, zu behaupten, dass diese Reduktion nur eine Angelegenheit der Zeit sei. Sie behalten eine bestimmte Art von Erwartung aufrecht, die durch eine charakteristische Rhetorik beeindruckt, welche mit Worten beginnt wie »Wir haben hinreichenden Grund zur Annahme ...« oder »Die Untersuchungsergebnisse sind dermaßen vielversprechend, dass wir wirklich annehmen können, dass ...«. Und dann machen sie eben diesen kleinen Schritt, welcher natürlich schon unmittelbar in nächster Zukunft bevorsteht, der sogar schon heute eintreten könnte, zumal die Zukunft es doch ohnehin zutage fördern wird.[25]

---

25 Diese Tendenz wird in der Arbeit von Antonio R. Damasio besonders offensichtlich, der seltsamerweise, während er seine Theorie der Beziehung zwischen Körper und Seele präsentiert, nur vom Körper und dem Gehirn spricht. Nicht ein einziger Abschnitt seiner Theorie befasst sich mit dem Geist selbst, aber im ersten Satz im Anschluss an seine Präsentation bekundet der Autor leichtfertig, dass »der Geist in einem Gehirn entsteht« (Damasio: *Der Spinoza-Effekt. Wie Gefühle unser Leben bestimmen,* München 2003, S. 227). Eine ähnliche Tendenz lässt sich bei Churchland entdecken: »Das unerreichbare Wesen des Bewusstseins ist klar im Alphabet neuronaler Aktivität beschrieben, die sich in unserem Gehirn

Ein Wort zur Selbstüberschätzung

Zugegeben, wenn wir in ein Stromkabel fassen, mögen wir dem Eindruck unterliegen, dass es nur aus dem Grund offen lag, um genau uns zu erwischen (und das verflixte Kabel hat uns seine Intention nicht verraten), aber solche Anthropomorphismen von Kabeln mögen wohl doch ein bisschen zu weit hergeholt sein. Ebenso existiert die Tendenz, die Welle der

---

und Nervensystem abspielt. [...] Dennoch erkennen wir das Bewusstsein nicht als das an, was es ist; eine *Meisterleistung neuronaler Netzwerke!* [*Anm. d. Ü.:* Im englischen Original wird hier die Formulierung »an exquisite neurocomputational dance«, etwa »ein vorzüglicher neuro-rechentechnischer Tanz« verwendet.] Dennoch fehlen uns die Konzepte und theoretischen Voraussetzungen, um das zu erkennen, was direkt vor unserer Nase liegt – oder vielmehr direkt hinter unserer Stirn. Aus dieser Unkenntnis erwächst die populäre Annahme eines mysteriösen Dualismus oder, schlimmer noch, die Behauptung, Bewusstsein sei überhaupt nicht verstehbar« (Churchland: *Die Seelenmaschine. Eine philosophische Reise ins Gehirn,* Heidelberg/Berlin/Oxford 1997, S. 266). Abgesehen von aller Klarheit misslingt es doch, ein Faktum zu erhellen (wie ist das nur möglich?), das der Autor nur zu genau kennt, nämlich dass Bewusstsein – um diesen strikt wissenschaftlichen Terminus zu verwenden – eine »*Meisterleistung neuronaler Netzwerke*« [*Anm. d. Ü.:* »ein vorzüglicher neuro-rechentechnischer Tanz«, s. o.] sei (Metaphern in wissenschaftlicher Rede treten natürlich nur rein zufällig an Stellen auf, wo wir präzise Begriffe verwenden könnten, aber wir hatten keine Lust dazu). Vielleicht wäre es wirklich das Allerbeste, an einem mysteriösen Materialismus festzuhalten, der unser Bewusstsein innerhalb eines »konzeptuellen Bezugssystems von Vektorkodierungen und parallel distribuierten Arbeitsabläufen in großformatigen rekurrenten neuronalen Netzwerken« erklärt.

Depolarisation, die am Neuron entlangläuft, zu überschätzen, zumal es sich bei dem, was wir hier sehen, nur um durch Zellmembranen hindurchlaufende Ionenbewegungen handelt, was nicht wirklich so wie der Gedanke anmutet, den wir dabei wahrnehmen. Wenn wir annehmen, dass keine nicht-materiellen Faktoren für unser Bewusstsein verantwortlich seien, wird es uns, wie buddhistische Philosophen zu behaupten pflegen, schwerfallen, zwischen einem bewussten Wesen und sogenannter unbelebter Natur zu unterscheiden. Es wird kaum möglich sein, einen Unterschied zwischen einem lebendigen, bewussten Menschen und dessen Leiche auszumachen, zumal, was sonst wäre denn ein menschliches Wesen, außer einer herumspukenden und denkenden Leiche? Die Nacht der lebenden Toten oder wie?

Alles, was sich bisher in neurophysiologischen Laboratorien beweisen lässt, ist, dass die physikalischen Prozesse im Gehirn von bewussten Prozessen begleitet werden. Die Tatsache, dass sie sich gleichzeitig ereignen, bedeutet, wie die buddhistische Philosophie veranschaulicht, nicht notwendig, dass ein Prozess den anderen hervorruft, sondern vielmehr, dass sie eine gemeinsame Ursache haben. Ihr gemeinsames Auftreten reicht nicht aus, um zu behaupten, dass ein Prozess den anderen auslösen würde. Dies allerdings hält einige Menschen nicht davon ab, eine derart illegitime Schlussfolgerung zu ziehen, Gehirnvorgänge seien die Ursache von Bewusstseinsprozessen. Dass

Ein Wort zur Selbstüberschätzung

zum Beispiel die Stimulation einiger Hirnareale bestimmte Empfindungen auslösen kann, bedeutet weder, dass sie nur durch physikalische oder elektrische Stimulation entstehen, noch dass sie immer dadurch hervorgerufen werden. Alles was sich daraus schlussfolgern lässt, ist, dass es in diesem speziellen Fall, der andere Erscheinungsmöglichkeiten nicht ausschließt, so geschehen ist. Wenn zwei Prozesse miteinander in Wechselwirkung stehen, scheint es überdies recht natürlich, dass wir, wenn wir den einen der beiden modifizieren, auch den anderen beeinflussen. Also ist es vernünftig anzunehmen, dass zusammen mit dem Erscheinen eines bewussten Prozesses das Gehirn auf eine bestimmte Weise reagiert, und auch die umgekehrte Annahme ist gleichsam gültig – einen Gehirnprozess auszulösen wird sich in einem Bewusstseinsvorgang niederschlagen. Diese Wechselwirkung selbst determiniert dennoch mitnichten, welcher der Prozesse den anderen hervorruft. Anzunehmen, dass Gehirnvorgänge die Ursache von Vorgängen im Bewusstsein seien, ist ein Fehler, der von der Verwechslung des Prinzips von Wechselwirkungen mit dem Prinzip von Ursache und Wirkung herrührt, und die Wechselwirkung selbst, wie stark sie auch sein mag, kann nicht als Grundlage für solch eine weit hergeholte metaphysische oder vielmehr anti-metaphysische Schlussfolgerung dienen. Die Tatsache, dass zwei Prozesse immer zusammen aufgetreten sind, sagt nichts über ihre Beziehung zueinander aus, sondern eher über die Gegebenheit, dass sie bisher stets zusammen beobachtet wurden – während Veränderungen in einem der beiden Prozesse, die durch den anderen verursacht worden sind, nur ihre dichte Verschränkung miteinander deutlich machen. Wenn ich etwa mein ganzes Leben lang im Sitzen ferngesehen habe, beweist dies weder, dass meine Körperhaltung die Ursache meines Fernsehverhaltens ist, noch umgekehrt. Obwohl es einen Fernsehsüchtigen definitiv dazu zwingen würde, seine Position zu verändern, wenn man den Fernseher auf die Seite stellt.

Das außergewöhnliche und wundervolle Equipment, welches bei der Untersuchung unserer Gehirne zum Einsatz kommt, dient einigen Menschen als Garantie dafür, dass jede einzelne Schlussfolgerung, die aus den daraus resultierenden Untersuchungsergebnissen gezogen wird, gleichermaßen wundervoll sei. Unglücklicherweise ist die Präzision der Schlussfolgerungen gelegentlich weit von der Präzision der Messinstrumente entfernt, was den logischen Fehler auf wundervolle Weise kaschiert. Dass wir Zugriff auf mehr und mehr präzise Gerätschaften zum Vermessen der Hirnwellen und zur Darstellung der Hirnaktivitäten haben, stellt keine Grundlage dafür dar, uns zu folgenschweren Schlussfolgerungen hinaufzuschwingen. Dennoch bleiben all jene unglaublichen Entdeckungen, die mittels der neuesten Maschinen zutage gefördert worden sind, in gleicher Weise gültig, auch ohne die Vermutung, dass das Bewusstsein durch das Gehirn produziert werde. Freilich fehlt dieser Situation die bezaubernde Leichtigkeit, zwei Phänomene auf eines zu reduzieren. Die Wissenschaftler mühen sich starrköpfig, jene Vereinfachung zu jedem Preis aufrechtzuerhalten, wenngleich sie sich dabei über die Folgekosten keinen Kopf zu machen scheinen, zumal sie dafür derzeit noch nicht aufkommen müssen. Die Reduktion kommt mit dermaßen verführerischer Leichtigkeit daher, dass sich ihr nur schwer widerstehen lässt, selbst wenn keine hinreichenden Prämissen vorhanden sind. Sie wird aufgrund der schieren Freude beibehalten, die durch den Einsatz von zunehmend anspruchsvollerem Equipment bei der Diagnostik des Gehirns entsteht. Es lässt sich jedenfalls vermuten, dass die Gehirnaktivitäten weiterhin auf das Bewusstsein reduziert würden, wenn Wissenschaftler Zugang zu noch feineren Methoden hätten, mittels derer man das Bewusstsein direkt untersuchen könnte. Aber es bleibt genau andersherum, und die verführerisch leichte Reduktion des Geistes auf die Materie scheint offensichtlich zu sein, obwohl sie in der Tat unberechtigt ist.

Kommen wir noch einmal auf den Stellenwert des Bewusstseins zurück, der aus diesen wissenschaftlichen Theorien zur Vorherrschaft des Gehirns hervorgeht. Schauen wir uns die Konsequenzen dessen einmal etwas genauer an. Wenn das Bewusstsein ein Effekt der Physiologie des Gehirns wäre, wobei es sich dann um eine Gedanken-Aussonderungs-Drüse handeln müsste, so muss man annehmen, dass sich unser Denken aus einer Anzahl von Faktoren speist, die unsere Organismen beeinflussen. Die Luft, ihre Temperatur und vor allem unsere Ernährung haben wesentlichen Einfluss auf die Art und Weise, wie unsere inneren Organe funktionieren (manche meinen sogar, wir seien das, was wir essen). Die Substanzen, welche wir absorbieren, beeinflussen die Funktionsweise der Organe, sie können ihr Wachstum stimulieren, ihre Aktivität beschleunigen oder verlangsamen, einen vorteilhaften, schädlichen oder sogar verderblichen Einfluss auf sie nehmen. Das Gehirn stellt hierbei keine Ausnahme dar – es ist im Gegenteil das anfälligste Organ in Bezug auf den Einfluss durch die Substanzen, die wir zu uns nehmen. Auf diese Weise determiniert unsere Ernährung bis zu einem gewissen Grad unser Denken, wobei es sich wiederum um nichts weiter als Gehirn-Aussonderungen handelt, die durch das, was wir essen, beeinflusst werden. So betrachtet wäre dann die gesamte Philosophie ein zum Teil alimentäres Produkt. Das ließe sich ja noch recht leicht verdauen, aber dann müssten auch sämtliche wissenschaftliche Theorien als Produkte von Gedanken-Aussonderungen unseres Gehirns unter der Maßgabe veröffentlicht werden, dass der die Theorie veröffentlichende Wissenschaftler auch deklarieren müsste, welche Nahrung er zu sich genommen hat. Demzufolge wäre eine vom Gehirn produzierte Theorie des Bewusstseins ebenfalls eine durch Gehirn-

Ein Wort zur Selbstüberschätzung

Psychologie determinierte Gehirn-Aussonderung, die in besonderer Weise von unserer Ernährung beeinflusst ist. Sie wäre ein Derivat der Gehirn-Psychologie eines Wissenschaftlers, der eine andere Erläuterung/Aussonderung zum Vorschein gebracht hätte, wenn er durch eine andere Diät versorgt worden wäre. Welche Nahrungsbestandteile sind für die wissenschaftliche Theorie verantwortlich, die hier diskutiert wird? Ich persönlich würde auf Blumenkohl tippen – ich esse dieses scheußliche Zeug nie, und siehe da – Bewusstsein als Produkt des Gehirns könnte mir nicht ferner liegen! Vernünftige *Wurst* lässt uns eher in Richtung Bewusstsein tendieren, denn wo sonst wird der Triumpf des Geistes über die Materie deutlicher als in der philosophischsten Nation Europas, die der Deutschen, so berühmt für ihre *Frankfurter Würstchen*, und die Tibeter, welche zusammen mit *tsampa* und Tee eine gewisse Menge an tierischem Fett zu sich nehmen, die mit Leichtigkeit jeden möglichen Gegner des buddhistischen Idealismus zur Strecke bringen kann.

Der Ursprung einer Theorie beweist offensichtlich weder ihre Korrektheit, noch bestreitet er sie. Ihre Wahrheit wird durch ihre Übereinstimmung mit den Gegebenheiten gewährleistet, nicht durch ihre Genese. Wenn also ein Blumenkohl als Gewährleistung für die Schlussfolgerung dient, dass Bewusstsein ein Produkt des Gehirns sei, und die Schlussfolgerung mit den Tatsachen übereinstimmt, dann natürlich *ein Hoch der Wahrheit!*, und gesegnet sei der Blumenkohl. Wissenschaftliche Theorien verdanken ihrem Blumenkohl-Erbe keinen besonderen Glanz, aber letztendlich braucht es in der Wissenschaft gar keinen, und abgesehen davon hat sich mehr als eine wissenschaftliche Entdeckung per Zufall ergeben, wir könnten also noch einmal darüber hinwegsehen. Im Moment jedenfalls gibt es keine Übereinkunft oder Sicherheit dahingehend, ob diese Schlussfolgerung mit den Fakten übereinstimmt, und des Weiteren schreiben sich die unangenehmen Konsequenzen fort.

Wie kann die beeinflussbare Psychologie des Gehirns die Nicht-Variabilität und die dogmatische Natur der Gesetze der Mathematik garantieren? Wenn alles in Bezug auf das Bewusstsein durch Gehirn-Psychologie determiniert wird, wie kommt es dann, dass Logik und Mathematik von möglichen Veränderungen in der Gehirn-Psychologie nicht beeinflusst werden? Nehmen wir einmal an, ein bestimmtes neuronales Netzwerk sei für die Ausführung von mathematischen Operationen verantwortlich: dann würde eine Veränderung am Netzwerk oder an seiner Funktion vielleicht zu dem Ergebnis 2 + 2 = 5 führen. Die Gesetze der Logik und Mathematik werden zu einem Epiphänomen der Gehirn-Psychologie, die wiederum jene unheimliche Vision vom Blumenkohl hervorruft. Wenn Mathematik und Logik allein auf Gehirnaktivität basieren würden,

Ein Wort zur Selbstüberschätzung

hätten sie niemals den Status erlangt, den sie immer angestrebt haben. Das natürlich würde jenen Wissenschaftlern missfallen, die an Scannern arbeiten, welche auf der Basis von Gesetzen der Mathematik und Physik entwickelt wurden. Nach deren Maßgabe sie arbeiten. Die uns befähigen, das Gehirn zu examinieren.

All die anderen Errungenschaften unserer Kultur werden somit auch zu Resultaten von Gehirn-Aussonderungen. Kunst und Literatur bilden hierbei keine Ausnahme. Sie sind nichts weiter als die Auswirkung einer Depolarisation von neuronalen Membranen und von chemischen Veränderungen der Synapsen. Literatur als Ergebnis wahrer Geistesblitze wäre folglich, aus physiologischer Perspektive betrachtet, nichts anderes als *seborrhoische Dermatitis* (obschon, bei erbärmlicher Literatur ist das wohl tatsächlich der Fall).

Und außerdem, warum unterscheiden sich dann überhaupt diese Bewusstseins-Aussonderungen von Mensch zu Mensch? Sämtliche Bauchspeicheldrüsen sind auf dieselbe Weise aufgebaut und funktionieren nach demselben Prinzip – sie produzieren Insulin. Trotzdem, Gehirne, die auf die gleiche Weise konstruiert sind und nach demselben Prinzip arbeiten, sondern dennoch vollständig verschiedene Gedanken und Gefühle aus, die sich von Individuum zu Individuum unterscheiden. Jeder ist in der Lage, Hormone auszuscheiden, aber nicht jeder kann das

Verständnis von $E = mc^2$ absondern. Ist es möglich, dass solche Entdeckungen das Resultat von Hirn-Dysfunktionen sind?

Man könnte diese Herabstufung von Wissenschaft oder Literatur noch weiter ausbauen, wenn man sie nicht mag, aber es zeichnet sich noch ein weiterer Effekt bei dieser Art von »Verdrüsung« des Bewusstseins ab, der noch schwerer zu schlucken ist, nämlich der Verlust von Freiheit. Das Gehirn als ein aus Atomen konstruiertes Produkt müsste den Gesetzen der Physik gehorchen, was bedeuten würde, dass unser Bewusstsein und das, was wir denken, Gegenstand von natürlichem Determinismus wäre. Die Gesetze der Physik sind nicht die Gesetze des freien Willens, und unser Bewusstsein als ein Derivat der Gesetze der Physik ist sicherlich kein Spielfeld eines freien Geistes, sondern eine Maschine der Natur. Wir haben keinen Einfluss auf die Ausscheidung von Insulin durch die Pankreasinseln, gleichsam können wir die Ausscheidung von Gedanken durch unser Gehirn nicht kontrollieren, zumal beide Prozesse gleichsam nach Maßgabe der Natur ablaufen. Wir können den armen Raskolnikow nicht länger beschuldigen. Sein Magen sonderte Sekrete aus, also verdaute er, sein Gehirn sonderte Sekrete aus, also tötete er – armselige Psychologie, nicht mehr und nicht weniger. Anstelle von *Schuld und Sühne* haben wir jetzt *Psychologie und Strafe*, obwohl es sich im zweiten Fall nicht wirklich um eine Strafe handelt. Man bestraft ja

Ein Wort zur Selbstüberschätzung

schließlich auch niemanden mit einem Dachschaden, genauso wie man keine Diabetiker bestraft, obschon auch der Richter niemals ein Urteil fällte, denn er hat es ja nur ausgeschieden – mehr hat er nicht gemacht. Und folglich bleibt uns anstelle von *Schuld und Sühne* jetzt nur noch *Psychologie und Physiologie* – die unterhaltsame Arbeit eines Stotterers.

Die Annahme, dass Bewusstsein ein Produkt des Gehirns sei, hat zur Folge, dass uns die Freiheit entzogen wird, weswegen unsere Taten nicht mehr moralisch beurteilt werden können. Der Anblick eines kleinen Rattlers ruft die Aussonderung von Entzücken im Gehirn seines Frauchens hervor, und also knuddelt sie ihn voller Liebe, während er im Gehirn seines Herrchens ein Überschäumen an Aggression verursacht, und darum wird das Hündchen weggekickt. Beide Handlungen verfügen über denselben ausgesonderten gemeinsamen Nenner, der die Freiheit negiert und es unmöglich macht, zwischen dem, was richtig und falsch ist, zu unterscheiden. Wird denn das kleine Hündchen dies zu schätzen wissen?

Wenn ich ein Rechtsanwalt wäre, dann würde ich jetzt anfangen, mir Sorgen über meinen Job zu machen, weil ein paar Neuro-Psychologen es darauf abgesehen haben, den gesamten Rechtsapparat abzuwickeln. Ich hoffe jedenfalls, dass die daraus resultierenden Massenentlassungen überhaupt mit unserem Arbeitsrecht vereinbar sind und zumindest eine leichte Chance besteht, diese Situation legal abzuwickeln.

Lassen Sie uns letztendlich noch einmal dem Geist der buddhistischen Philosophie nachgehen, der bei der Auseinandersetzung mit den Befürwortern der Auffassung, dass das Bewusstsein ein Derivat der Materie sei, schon immer auf die weitreichenden und unerwünschten Folgen einer solchen Annahme hingewiesen hat. Gehen wir der Frage nach, ob wir denn gewillt wären, die Welt unter der Maßgabe einer solchen Vision von »gehirntem« Bewusstsein zu erleben. Ich würde diese Vision gern in Form meines allerersten literarischen Werkes vorstellen (für jene, die mit der Fachterminologie nicht vertraut sind, stelle ich die Übersetzung in rechteckigen Klammern zur Verfügung).

Gehirn-Morgen

Es ist ein wundervoller Frühlingsmorgen. Die Sonne geht auf, die Vöglein zwitschern und eine frische Brise weht durch das offene Fenster über das Antlitz eines schlummernden Neurophysiologen hinweg, der sich ganz und gar sicher ist, dass das Bewusstsein vom Gehirn produziert wird. Er erwacht und neigt sich hinüber zu seiner Frau an seiner Seite:

»*Meine Formatio reticularis generiert einen kontinuierlichen Signalstrom in Richtung Thalamus und cerebraler Cortex, um ein geometrisches System cerebraler Kohärenz zu erzeugen. [Hallo mein Schatz]*«

»*Oh! Vektorcodierungen in Form eines Modells verschiedener Aktivierungsebenen innerhalb des Areals, das durch sechs verschiedene Typen von olfaktorischen Rezeptoren definiert wird, lassen sich ausmachen. [Du duftest wunderbar, meine Liebste]*« »*Stimuliere meinen sensorischen Homunculus.*[26] *[Umarme mich]*«

»*Die visuelle Repräsentation des Objektes und die Reaktion des ventromedialen Nukleus im präfrontalen Cortex, Amygdala und Hirnstamm sendet Signale an die monoaminen Ganglien, den somato-sensorischen Cortex, das Cingulum etc. [Ich liebe Dich, mein Schatz]*«

---

26 Es ist nicht das, was Sie vermuten! Der sensorische Homunculus ist einfach eine kortikale Repräsentation unseres Tastsinns.

Die Dominanz des Gehirns

»Geschwächte Impulse im motorischen Homunculus. [Ich möchte jetzt noch nicht aufstehen]« »Der Hippocampus hat noch nicht alle mit der Aktivität des sensorischen Cortex in Verbindung stehenden Signale, die mittels einiger neuronaler Ketten aus multiplen Synapsen eintreffen sollten, empfangen und folglich keine Signale zurückgesendet. [Ich erinnere mich an gar nichts! Was für ein Tag ist heute?] – Hohe Konzentration von Metaboliten. [Mir platzt gleich der Kopf von diesem Kater!]«

Und als sie sich aus dem Bett rafft, um ihm einen Becher Sauermilch zu bringen, steht er selbst auf und hält sie sanft mit den folgenden Worten zurück: »Der Impuls läuft bereits durch Nervenfaserbündel aus weißer Materie, und durch die Vermittlung motorischer Neuronen der grauen Materie erreicht er schließlich die Nervenfaserbündel mit ihrem Myosin und Aktin. Sende keine Aktivierungsimpulse durch die Axone der Motorneuronen im Rückenmark an die Motorneuronensynapsen. [Ich mach das schon, bleib liegen, Baby]«

Ende

Ein vollständig physiologisiertes Bewusstsein fordert allem Anschein nach einen hohen Preis. Und dieser Preis mindert sich auch keineswegs aufgrund jener typischen Ausrede, die üblicherweise dann zur Sprache kommt, wenn keine transparente und einfache Antwort zur Hand ist, nämlich dass das Problem viel zu spitzfindig sei. Vom Gehirn produziertes Bewusstsein wird, obgleich auf komplizierteste Weise, bei abschließender Analyse immer auf die Migration von Ionen durch Neuronenmembranen reduziert werden. Ein menschliches Wesen sieht jedoch nicht wie ein mit Ionenbewegungen ausgestattetes Tier aus, so wie es sich beim Malen – ungeachtet des Erscheinungsbildes – nicht um die Bewegung von chemischen Farbpartikeln handelt. Ich kann also nur mit folgendem Aufruf schließen: Bitte, untersucht das Gehirn, weil es sich um eine außergewöhnlich interessante Materie handelt, aber widersteht dem Blumenkohl!

10.
Glücklich, einfach glücklich!

Es gibt keinen Weg zum Glück, glücklich sein ist der Weg.
Buddha

Nichts macht uns unglücklicher als unsere Glücksformeln; nichts den Weg zum Glück steiniger als unsere Ideen in Bezug auf es. Die Realität hat von unseren Erwartungen für gewöhnlich keinen blassen Schimmer und ignoriert diese daher zumeist. Und selbst wenn sie eine gewisse Ahnung davon erlangt, weil wir ihr unsere Erwartungen explizit übergestülpt haben, fährt die Realität trotzdem ostentativ damit fort, darüber hinwegzusehen. Ist es also möglicherweise sinnlos, auch nur irgendetwas von der Realität zu erwarten? Wenn wir unser Glücklichsein als eine Kombination aus äußeren Gegebenheiten definieren, werden wir automatisch zu deren Geiseln. Von jetzt an werden äußere Umstände darüber entscheiden, ob wir glücklich sind oder nicht. Freilich sind von Anfang an wir diejenigen, die den Umständen die Erlaubnis geben zu entscheiden. Auf diese Weise verschleudern wir durch einen Akt des freien Willens unsere Freiheit, indem wir sie gegen eine Abhängigkeit von der äußeren Welt eintauschen.[27]

---

[27] Übrigens ist diese äußere Welt nichts anderes als eine Projektion unseres eigenen Geistes, wie wir vorher schon gesehen haben. Sie setzt sich uns nur dann zur Wehr, wenn wir uns dessen nicht bewusst sind oder wenn wir die Gegebenheit übersehen, dass es sich dabei um eine Projektion handelt.

Ohne Freiheit existiert kein Glück, das ist selbstverständlich.

Freiheit steht über dem Glück. Und apropos – Freiheit ... wovon? Genau genommen nicht von der äußeren Welt, sondern von unseren eigenen Erwartungen in Bezug auf diese Welt. Unglücklichsein ist nichts anderes als unerfüllte Erwartungen haben. Die Ursache für diese unerfüllten Erwartungen liegt in den Erwartungen selbst; in der Tatsache, dass wir Erwartungen haben und dass wir sie mittels unserer eigenen Anhaftung nähren. Trotzdem beschuldigen wir üblicherweise die Welt dort draußen, dass sie unsere Erwartungen nicht erfüllt. Wenn wir von vornherein keine Erwartungen hätten, so gäbe es natürlich auch keine unerfüllten Erwartungen, und es wäre nicht so wichtig, was in der Außenwelt geschieht, zumal wir absolut nichts von ihr erwarten würden. Aber wie können wir dieses Erwarten nur hinter uns lassen? Klingt das nicht verdächtig nach Apathie? Lassen Sie uns aufzeigen, dass sich Erwartungen niemals bezahlt machen. Dafür gibt es drei triftige Gründe.

Grund 1: Eine erfüllte Erwartung liefert nicht die erwartete Befriedigung. Das fiel mir schon auf, als ich noch ein Kind war. Mein Geburtstag war das erste Datum, an das ich mich erinnern konnte. Ich begann für gewöhnlich einen Monat vor diesem wichtigen Ereignis damit, zu prüfen, ob meine Eltern schon irgendwelche Anzeichen erkennen ließen, dass sie sich den herannahenden großen Tag bewusst gemacht hätten. Jedoch behielten sie ihr übliches Verhalten bei, als ob nichts Besonderes absehbar wäre, sie gingen ganz normal zur Arbeit, schauten fern, unterhielten sich über diese oder jene Dinge, die allesamt nichts mit meinem Geburtstag zu tun hatten. Ich fing an, mir Sorgen zu machen, dass sie die ganze Angelegenheit vergessen hätten. Letzten Endes, nur für den Fall, dass sie es vergessen hätten, erinnerte ich sie an das herannahende Datum und legte ihnen in diesem Zusammenhang gleich noch die beste Art und Weise, es zu zelebrieren, nahe, nämlich indem sie mir ein rotes Feuerwehrauto schenken würden. Im Anschluss blieben meine Eltern unter Beobachtung, was einmal mehr zutage förderte, dass sie trotz meiner expliziten Empfehlungen die Angelegenheit schon wieder vergessen hatten. Eine Woche vor meinem Geburtstag, die Situation war bereits ziemlich angespannt, blieb mir keine Wahl, als eine sorgfältige Durchsuchung unserer Wohnung in Angriff zu nehmen, um der erwarteten Kiste mit dem erwarteten Inhalt nachzugehen. Endlich fand ich sie an der unwahrscheinlichsten und am schwersten zu erreichenden Stelle: unter den Bettlaken, auf dem höchsten Regal in der Garderobe. Als ein Kind, das zu Zeiten des Kommunismus aufwuchs, war ich mir durchaus der Tatsache bewusst, dass die meisten vor Ort oder im Ausland (also in der Sowjetunion) hergestellten Spielzeuge alles andere als perfekt waren. Darum testete ich das

Spielzeug heimlich während der folgenden paar Tage, nur um meine Eltern vor der peinlichen Situation zu bewahren, die sich ergeben würde, wenn sie mir ein fehlerhaftes Spielzeug schenkten. Schließlich ereignete sich dann der große Tag, und ich bekam – ganz überraschend – ein Feuerwehrauto! Welch Glückseligkeit ... kam auf mich zu, aber zuerst musste ich noch etwas Überraschung vorspielen, bevor ich mich schließlich ganz dem Freudentaumel hingeben konnte, der nun aber doch nicht mehr so grandios ausfiel wie erhofft.

Erwartung ist wie ein Dekret, das bereits von Anfang an festlegt, was uns noch blüht – wodurch jedoch eine gewisse Offensichtlichkeit zutage tritt. Sobald sich das Erwartete dann vergegenwärtigt, wird es zu nichts anderem als erfüllter Offensichtlichkeit, die niemals so zufriedenstellend sein kann, wie etwa der Spielzeugsoldat, den mein Vater mir eines Tages mal in einem plötzlichen Anflug von guter Laune auf dem Nachhauseweg mitgebracht hat.

Obwohl der Spielzeugsoldat meinen Vater wesentlich weniger kostete, bringt die Überraschung dermaßen viel Erfrischung und Freude mit sich, dass sie mit Leichtigkeit jedwede mögliche erfüllte Erwartung übertrifft, die uns nur das Objekt unseres Begehrens verspricht, aber uns nicht erlaubt, den Gegenstand als eine noch in der Zukunft befindliche Sache zu genießen; im Moment der Zustellung wird dann automatisch ein Teil der Freude abgeführt wie eine Art

Steuer auf die vorangegangene mentale Aneignung des oben genannten Genusses.

Etwas zu erwarten ist sinnlos, es sei denn, es gelingt uns, es Heraklit gleichzutun, der nahelegte, das Unerwartete zu erwarten.

Grund 2: Erwartung trainiert den Geist auf eine Weise, die uns effektiv davon abhält, Glück zu erleben. Sie mögen zwar annehmen, dass eine Person mit klaren Glücks- und Zielvorstellungen eine bodenständige Person sei und auch, dass sie wahrscheinlich glücklich werden würde, weil sie wüsste, was sie will. Wenn wir jedoch untersuchen, wie ein in Richtung Zukunftsglücklichkeit orientierter Geist funktioniert, so entdecken wir bald, dass diese Erfüllungsperspektive in der Tat die beste Gelegenheit darstellt, uns unglücklich zu machen. Nehmen wir einmal an, unser Glück bestünde im Erreichen eines gewissen Standards, zum Beispiel einer Führungsposition. Sie zu erreichen würde uns Erfüllung garantieren. Natürlich hatten wir auf dem Weg zum Aufstieg einige Schritte unternehmen müssen, der Gipfel ließ sich schließlich nicht im Vorbeigehen erklimmen. Gründliche Analysen deuteten jedoch darauf hin, dass eine gewisse Chance bestand, dass wir das erwartete Ziel innerhalb von fünf Jahren erreichen und im selben Moment unser Glück in Realität verwandeln könnten. Aber was genau ereignet sich dann in jenem Moment, wenn wir unsere Situation gründlich analysieren? Nun, in Bezug auf ein verspätetes Glücklichsein in fünf Jahren hatten wir nicht nur Hoffnung gefasst, sondern zusätzlich, als unbeabsichtigten Teil des Deals, noch fünf Jahre Unglücklichsein hinzubekommen. Da wir zuvor bereits definiert hatten, was Glück ist, konnte der vorherige Zustand schließlich kein glücklicher Zustand sein. Unsere nüchterne Entscheidung stellt sich als bloße Beurteilung heraus; wir haben in ein und demselben Moment zwei Entscheidungen getroffen – indem wir uns für Glück in entfernterer Zukunft, zusammen mit Unglück in der unmittelbaren Zukunft entschieden haben. Wie können wir uns beruflich erfüllt fühlen, wenn dies definitionsgemäß erst in fünf Jahren möglich sein wird? Handelt es sich bei solch einer Herangehensweise also um einen Akt von nüchterner Beurteilung, ganz zu schweigen von der Tatsache, dass wir keine Garantie dafür haben, was sich in fünf Jahren letztendlich ereignen wird? Nehmen wir doch einmal an – was soll's! –, dass in fünf Jahren alle nötigen Bedingungen zusammenkommen und wir uns also endlich in der angestrebten Situation befinden. Führen wir uns indessen zuvor noch einmal zu Gemüte, was sich in unserem Geist bis zu diesem Moment hin abgespielt hat. Während jedes einzelnen dieser 1 825 Tage gewöhnte sich unser Geist daran, zu denken: »Heute bin ich nicht glücklich, aber in Zukunft werde ich es sein«. Fast 2 000 Wiederholungen dieses speziellen Mantras, ob bewusst oder unbewusst, beeinflussen mit Sicherheit erheblich die Art und Weise, wie wir die Welt betrachten.

Weil ein Teil unseres Geistes in der verheißungsvollen Zukunft seiner Erwartungen verweilt, erleben wir das, was sich genau hier und jetzt vor unserer Nase abspielt, nur auf Sparflamme. Aus der Perspektive einer zukünftigen Glückseligkeit ist alles, was ihr vorausgeht, nur eine Art Übergang. Und wenn dann schließlich der große Tag eintrifft, dann reagiert unser Geist entsprechend der Gewohnheit, die er während der letzten 1 825 Tage aufgebaut hat: Heute kann ich wie üblich nicht glücklich sein, aber ich werde in Zukunft glücklich sein. Und abgesehen von der Tatsache, dass das Glück, nach dem wir uns gesehnt haben, sich genau vor unserer Nase befindet, erleben wir es nur halbherzig, denn so haben wir unseren Geist trainiert. Wenn wir nur in der Zukunft viel glücklicher sein können als heute, wird all die Freude, nach der wir uns gesehnt haben, deutlich schwächer ausfallen als erwartet, zwar nicht an sich, aber so wie wir sie erleben, zumal ein Teil des Potenzials unseres Geistes für die Zukunft eingesetzt wird und so die Gegenwart zu kurz kommt. Genau hier kommt die »Weisheit« einer erfahrenen Person zum Zuge, die bereits zahllose Ziele erreicht hat und mit Autorität erklärt, dass der Weg zum Ziel viel spannender ist, als es schließlich zu erreichen. Und schon können wir nach einem weiteren Ziel Ausschau halten, einem gleichermaßen befriedigenden Ziel, in dessen Namen wir erneut gewiss ignorieren können, was die Realität so zutage fördert, nur um dann, im Anschluss an die enttäuschende Verwirklichung, wiederum ein neues, noch größeres und noch erstrebenswerteres Ziel zu ersinnen.

Wir nutzen das produktive Potenzial unseres Geistes nicht im gegenwärtigen Moment, in dem es zum Einsatz kommt, als wäre es bloß eine Anzahlung auf unser zukünftiges Glücklichsein. Dies ist allerdings eine total verrückte Sichtweise, weil zukünftiges Glück ziemlich »Geist-Energie-zehrend« ist und aus dem simplen Grund nicht erlebt werden kann, weil es noch nicht eingetreten ist. Abgesehen davon beschäftigt eine solche Perspektive den Geist, der folglich nicht in die einzige Situation miteinbezogen werden kann, die ihm zur Verfügung steht – wobei es sich um die Situation hier und jetzt handelt. Selbst zukünftige Glückseligkeit, vorausgesetzt sie trifft ein, wird hier und jetzt erlebt werden. Wenn wir also keine Meister darin sind, das, was hier und jetzt vor unserer Nase auftaucht, zu erleben, dann gibt es keine bessere Garantie dafür, dass wir zukünftiges Glück ebenfalls auf Sparflamme erleben werden, nämlich unprofessionell. Wenn wir unfähig sind, hier und jetzt glücklich zu sein, und wenn wir uns nicht die Mühe machen, das Glücklichsein hier und jetzt zu erlernen, dann werden wir, egal was passiert, den nachfolgenden Moment auf dieselbe Weise wie den gegenwärtigen Moment erleben. Unser nächstes Hier und Jetzt wird auf dieselbe parteiische Art und Weise wie das gegenwärtige Hier und Jetzt erlebt, besonders weil es sich bei diesem Hier und Jetzt unserer Erfahrung immer um ein und dasselbe Hier und Jetzt handelt, wie zuvor in dem Zugabteil-Kapitel bereits erklärt.

Deswegen zahlt es sich aus, möglichst ohne Erwartungen all das zu nutzen, was vor unserer Nase erscheint – und wir würden doppelt davon profitieren. Zuerst einmal würden selbst kleine alltägliche Annehmlichkeiten als viel großartiger wahrgenommen werden, wenn wir sie mit Vollgas erleben – anstelle von außergewöhnlichen Vergnügungen auf Sparflamme (wie der Spielzeugsoldat und das Feuerwehrauto aus meiner Kindheit). So würde unsere Genugtuung viel intensiver. Außerdem würden wir somit fähig, aus jedem erfüllten Traum die maximale Freude herauszuquetschen. Weil unser Geist nicht dadurch schon abgenutzt wäre, dass er jahrelang einer Vision anhaftete, nur um dann festzustellen, dass in dem Moment, wo wir das Ersehnte erreichen, zu müde sind, um endlich noch auf den Zug der Freude aufzuspringen und die gesamte Situation in aller Frische zu erleben. Wenn wir wirklich wünschten, die Erfüllung unserer Träume voll und ganz wahrzunehmen, wie wäre es dann damit zu beginnen, einfach jeden Moment bereits jetzt auf diese Weise zu erleben? Wenn wir das nicht von vornherein lernen, werden all unsere großen Vergnügungen weniger spannend sein, als wir erwarten mögen. Es geht nicht darum, unsere Träume und Zukunftspläne fallen zu lassen, sondern Erwartungen zu vermeiden, die unserem Geist ein vorbelastetes Erleben des Alltags aufzwingen. Denn das vorbelastete Erleben beraubt uns der Freude an dem, was hier und jetzt oder in Zukunft erlebt werden könnte.

Grund 3: Mathematik. Je mehr Erwartungen, desto höher die Wahrscheinlichkeit unerfüllter Erwartungen und folglich Leid. Wenn ich *eine* Erwartung habe, bin ich einfach ein Märtyrer, zumal ich nur auf eine Weise leiden kann. Mit *zwei* Erwartungen kann ich es mir schon aussuchen: Montags leide ich wegen der unerfüllten Erwartung 1, dienstags wegen der unerfüllten Erwartung 2, und mittwochs, weil beide Erwartungen unerfüllt sind. Aber sobald ich bereits *zehn* Erwartungen habe, werde ich zu einem regelrechten Meister des Leidens und – welch Vielfalt – jeden Tag gibt es etwas anders. Zusätzlich, und das ist nicht zu unterschätzen, folgt aus dieser Mathematik von Glücklichsein und Leiden eine einfache, grundlegende Schlussfolgerung. Nämlich: Wenn die Anzahl der Erwartungen auf Null sinkt, reduziert sich die Wahrscheinlichkeit des Leidens ebenfalls auf Null. Und von genau diesem Punkt aus betrachtet, demzufolge es sinnlos ist, überhaupt irgendwelche Erwartungen zu haben, können wir uns nun in Richtung des Glückes selbst bewegen, wobei es sich nun mittlerweile um eine ausgesprochen simple Thematik zu handeln scheint.

Glück ist nichts anderes als das Fehlen von Erwartungen. Indem wir unsere herausfordernde Haltung gegenüber der Realität aufgeben, hindern wir sie daran, uns zu enttäuschen. Wenn wir nichts erwarten, wird alles zu einem Geschenk. Sogar wenn es sich um ein schmerzvolles Geschenk handelt – wie ein dänischer Lama es einmal zum Ausdruck gebracht hat – dann wird alles, außer einer Kugel im Kopf, zu Entwicklung, welche üblicherweise außerhalb der Komfortzone stattfindet. Wir halten jedoch an unserem Komfort fest – haben wir denn nicht letztendlich sogar ein Anrecht auf eine angemessene Situation im Leben? Aber wer hat uns dieses Recht garantiert? Das waren wir selbst. Und nun verfügen wir *dura lex sed lex* über das Recht, Erfüllung zu erwarten – somit folglich auch, Erfüllung zu entbehren!

Das Gesetz ist hier unerbittlich: Wir haben zwar das Recht, glücklich zu sein, aber nicht das Recht, zu erwarten, glücklich zu sein. Und genau das ist ein Glückstreffer, weil Glücklichsein nicht von Erwartungen abhängt. Was jedoch von ihnen abhängt, ist die Abwesenheit des Glücks. Je mehr Erwartungen, desto weniger Glückseligkeit. Diese einfache Gleichung ist im Grunde genommen der Schlüssel zu dieser ganzen Thematik. Lassen Sie einfach die Erwartungen fallen. Mehr ist nicht erforderlich! Es gibt keinen Grund, mit der ganzen Welt zu kämpfen, sie dazu zu zwingen, unsere Wünsche zu respektieren und unsere ernsthaften Pläne ernst zu nehmen. Alles was es braucht, ist damit anzufangen, unseren Geist darauf zu trainieren, die Erwartungen fallen zu lassen, denn Glück ist kein Geschenk des Himmels, sondern eine Angelegenheit dessen, unseren Geist dahingehend zu trainieren, dass er die Welt auf die richtige Weise wahrnimmt. Wenn wir glücklich sein wollen, müssen wir es einfach lernen. Glück wird uns nicht geschenkt, es ist eher das, was wir geübt haben. Hier fangen wir jetzt beim Geist selbst an, zumal es nicht die Außenwelt ist, sondern unser eigener Geist, der Glück erleben kann. Bei der gegenteiligen Herangehensweise, also dem Versuch, die Welt zu rekonfigurieren, um Glück zu erlangen, anstelle es im Geist zu trainieren, handelt es sich um einen gewundenen und unsicheren Pfad: Ausgehend von einem Geist, der sich nach Glückseligkeit sehnt, wagen wir uns in die äußere Welt hinaus und versuchen sie zu manipulieren, nur um schließlich zu unserem eigenen Geist zurückzukehren, genau dorthin, wo wir dieses langersehnte Glück zu erleben versuchen. Worin besteht also der Zweck dieser Rundreise? Shantideva sagt, dass Menschen, die dem Glück in der äußeren Welt nachgehen, jemandem ähneln, der die ganze Welt in Leder einschlagen will, um spazieren gehen zu können, ohne sich an den Füßen wehzutun. Ist es nicht viel einfacher, sich ein paar Schuhe anzuziehen? Dann wird noch nicht mal der Gedanke auftauchen, ob wir hier oder da langgehen, wir werden uns einfach dorthin begeben, wohin uns unsere Schuhe tragen. Dann wird es nicht mehr so wichtig sein, wohin wir gehen, äußere Bedingungen zählen nicht mehr, stattdessen erlangen wir die Freiheit eines Spaziergängers zurück und spezialisieren uns zunehmend in *Spazierologie*.

Kann das Glücklichsein unseres Geistes, das von äußeren Bedingungen denn überhaupt von irgendeiner anderen Glückseligkeit übertroffen werden, die dank einer Fülle von Bedingungen erreicht wurde, welche schließlich in genau jener lang ersehnten Situation zusammenkommen müssen? Wir stellen fest, dass die Bedingungen, die sich inzwischen versammelt haben, sich früher oder später auch wieder in ihre Bestandteile auflösen werden, und weiterhin, dass bedingtes Glück aufgrund des hinzugewonnenen bedingten Unglücks wieder verloren gehen wird. Ich versuche nicht, Sie dazu zu überreden, apathisch zu werden oder gar Ihre Pläne aufzugeben. In Wirklichkeit könnten Sie ruhig einen ganzen Sack voller Pläne haben, solange Sie den Plänen nur bloß nicht anhaften. Je weniger wir davon abhängig sind und davon ausgehen, dass sie sich erfüllen, desto mehr Pläne können wir schmieden. Es geht hierbei um die Ökonomie des mentalen Glücks: Nehmen wir einmal an, dass unser Glück davon abhängig wäre, das neueste BMW-Modell zu besitzen. Dann werde ich natürlich nur glücklich sein, nachdem ich eines erworben habe. Vor dem Kauf (wenn das denn der Weg ist, für den ich mich entschieden habe, um in den Besitz des BMWs zu gelangen), und nachdem ich den BMW durch einen Unfall oder Diebstahl wieder verloren habe, werde ich nicht glücklich sein (übrigens ist es doch seltsam, dass obwohl man eine Versicherung hat, die erste Reaktion auf den Diebstahl eines Autos immer ein persönliches Drama des ehemaligen Besitzers ist). Wenn mein Glück allerdings nichts mit dem Besitz eines Autos zu tun hat, kann ich in allen drei Situationen glücklich sein: vor dem Kauf, während ich es besitze und nachdem es wieder verschwunden ist. Und außerdem werde ich während der Zeit, in der ich das Auto besitze, sogar noch glücklicher, so wie es wohl jeder Besitzer eines guten Autos wäre (wenn das nicht schon zu viel des Glückes ist!). Wann erreicht also der Gradmesser der Geist-Glückseligkeits-Ökonomie die höchste Stufe?

Wie man sehen kann, wird der Buddhismus ungerechtfertigterweise der Apathie bezichtigt. Man sagt, er sei eine Folge des sich Zurückziehens von der Außenwelt. Nirwana, als ein bloßer Wegfall von Leiden verstanden, könnte aufgrund dieser negativen Definition Interpretationen provozieren, die es als eine Art kalte und gefahrlose Apathie beschreiben. Doch das Aufhören des Leidens stellt wenig Spielraum zum Interpretieren zur Verfügung, so als würde man behaupten, Freiheit sei die Abwesenheit von Sklaverei. Diese Definition ist natürlich korrekt, jedoch offenbart sie nicht den positiven Aspekt des Phänomens. Also Abstand zur Welt – ja, selbstverständlich, aber nicht, damit wir in Apathie untergehen, sondern um es uns zu erleichtern, jene unbedingte Glückseligkeit des Geistes zu entdecken, und auch um alles, was uns die Welt bietet, auf die richtige Weise zu erleben. Wie das Beispiel des Autofahrers zeigt, entsteht hier erstens noch viel mehr Freude als in einer Situation, in der die Welt ohne jeden Abstand erlebt wird; zweitens können wir die Annehmlichkeiten dieser Welt trotzdem noch genießen, ohne von ihnen abhängig zu sein (nun mit noch größerer Freiheit!). Und drittens ermöglicht uns der Abstand zur Welt das Vergnügen eines Gourmets, der nicht nur das Essen genießt, sondern auch die Tatsache, dass er weiß, dass er isst und dank der er das Essen sogar noch mehr schätzen kann. Und viertens handelt es sich bei der Distanz zu äußeren Bedingungen um eine schützende Qualität: Sie erweist sich in Situationen als nützlich, die auf den ersten Blick nicht allzu angenehm erscheinen.

Genau, wir reißen hier ein paar Witze, verplaudern uns über das Glücklichsein. Das ist ja alles schön und gut, aber das Leben sieht anders aus. Das Leben ist hart, und wenn man etwas anderes behauptet, dann beweist das nur, dass man keine Ahnung hat vom richtigen Leben – für so jemanden wird es immer leicht sein, das Leben zu genießen! Tibeter haben die Angewohnheit, an diesem Punkt die folgende Geschichte zu erzählen. Da kommt ein Mann zu einem Lama und bekennt, dass er ein Problem hat. Sein einziges Pferd hat gerade das Weite gesucht, also hat er keine Chance, den Acker zu pflügen, was bedeutet, dass seine Familie bald hungern wird. Als er seine

Geschichte mit »Es ist eine Katastrophe!« abschließt, lächelt der Lama und sagt: »Nun, schauen wir mal ...«. Am nächsten Tag kommt derselbe Mann zum Lama, aber diesmal in bester Laune: »Mein Pferd kam zurück und hat ein anderes Pferd mitgebracht. Ist das nicht fantastisch?« Der Lama wiederum sagt: »Es wird sich zeigen ...«. Am darauffolgenden Tag kommt der Mann erneut mit umgekehrter Laune zum Lama und sagt: »Mein Sohn hat versucht, das wilde Pferd zu zähmen, und stürzte dabei vom Pferd. Nun liegt mein Sohn, der mir sonst so viel bei der Landwirtschaft geholfen hat, mit einem gebrochenen Bein daheim. Welch Unheil!« Manchem mag es erstaunlich vorkommen, aber der Lama sagte nichts anderes als »Wir werden sehen ...«. Als sie sich wiedertrafen, war der Mann voller Freude und informierte den Lama, dass ein Erlass verkündet wurde, »und alle jungen Männer wurden in den Krieg eingezogen, nur mein Sohn wegen seines Zustandes nicht! Was für ein Glück!« Soll ich noch einmal zitieren, was der Lama erwiderte? Er musste es ohnehin noch viele Male erwidern, zumal die Geschichte kein Ende hat.

Die Sache ist die, solche »guten« und »schlechten« Umstände, »gute« oder »schlechte« Leben erscheinen in diesem oder jenem Licht nur aus unserer momentanen Perspektive, welche wir immer wieder eifrig gegen andere Perspektiven eintauschen, und diesmal ist es ganz sicher die richtige. Aber natürlich vergessen wir dann in dem Moment, in dem wir die jeweilige

Perspektive einnehmen, sofort, dass es sich genau genommen nur um eine von vielen genialen Ideen in Bezug auf die Realität handelt. Sie ist nur eine von tausenden von Beurteilungen, die unseren Geist am darauffolgenden Tag durchlaufen, während wir damit beschäftigt sind, die nächste Schlussfolgerung zu ersinnen. Diesmal ist es bestimmt eine perfekte Beschreibung der Welt! Wir können nicht wissen, ob die gegenwärtige Situation – nehmen wir einmal an, es handelt sich um eine Krankheit, die wir im Moment durchleiden müssen – uns nicht vielleicht vor etwas viel Schlimmerem bewahrt, das uns vorher noch gar nicht in den Sinn gekommen war, wie zum Beispiel vor einer Fahrt in der U-Bahn, die durch jemanden in die Luft gejagt wurde, um die Welt über die von ihm bevorzugte Ideologie in Kenntnis zu setzen. Recht häufig sind wir einfach nicht in der Lage, einen angemessenen Blickwinkel einzunehmen, aus dem das, was eben noch tiefschwarz anmutete, genauso gut weiß oder vielfarbig erscheinen kann. Wir betrachten die Dinge immer aus einer bestimmten Perspektive, die dem, was wir sehen, eine bestimmte Farbe verleiht. Auch wenn wir auf eine Situation keinen Einfluss haben, können wir immer den Blickwinkel ändern, mittels dessen wir die Gegebenheiten in Augenschein nehmen. Auf diese Weise stellt sich unsere grundlegende innere Freiheit dar, die wir manchmal auszunutzen vergessen. Wir entscheiden, was an unserer Erfahrung wesentlich ist. Wenn uns jemand beschimpft, können wir uns, obwohl es unsinnig ist, den ungeschliffenen Inhalten dieser Nachricht widmen, aber wir könnten genauso ergründen, wie das hohe C in dem wiederholt auftretenden Wort »Kackarsch« klingen würde, wenn unser Mittelsmann ein paar Stunden Stimmbildung belegen und Operngesang erlernen würde. Genau mit dieser Methode können wir jenen kostbaren Abstand zur Situation erlangen, welche dadurch gar nicht mehr so bedrückend wirken kann, als wenn wir in ihr feststecken und sie als real betrachten würden. »Always look on the bright side of life!«[28] Je mehr gesunden Abstand wir zu dem haben, was sich ereignet, desto freier sind wir und desto mehr ähnelt die Welt einem Traum. Einem Traum, in dem wir spielen können, selbst wenn es sich dabei um einen Alptraum zu handeln scheint. Wir werden zu Zuschauern im Kino, die sich an jedweder Filmgattung erfreuen. Und dieser Spaß wird dadurch ermöglicht, dass die Szene auf der Leinwand eine Illusion ist, die uns nicht überwältigen kann. Kindern sollte nur Donald Duck gezeigt werden, zumal sie die Tendenz haben, die Dinge zu ernst zu nehmen. Und selbst Donalds unglückselige Abenteuer können bei Ihrem Kind eine höchst realistische Reaktion auslösen, wie zum Beispiel Tränen. Wir Erwachsenen können uns bei dem Film *Blutgericht in Texas* oder *Braindead* vor Lachen kaum halten, weil

---

28 *Anm. d. Ü.:* Lied aus dem Film *Das Leben des Brian* (Originaltitel: *Monty Python's Life of Brian*, 1979).

wir genau wissen, dass die ganze Szenerie sowieso nicht real ist. Wenn wir diese Einsicht doch nur aus dem Kino mit in unseren Alltag nehmen könnten (was durch die Mittel buddhistischer Meditation möglich wird), dann wären wir in der Lage, zu entscheiden, wie wir jedwede gegebene Situation durchleben und worauf wir uns konzentrieren: auf deren Tragik, die – abgesehen von ihrer illusorischen und filmähnlichen Natur – wir ernst nehmen und darüber unsere Hände ringen können, oder eher deren positive Seite, die immer einen Grund zum Scherzen zutage fördert.

Wie es Samuel Beckett zum Ausdruck brachte – und er hatte verdammt nochmal recht – »Wenn man bis zum Nacken in der Scheiße steckt, bleibt nichts anderes übrig, als zu singen.« Je schlimmer die Situation zu sein scheint, desto mehr Humor ist vonnöten, denn wenn es zwar genau jetzt nicht möglich ist, die Welt zu verändern, können wir doch noch immer den Geist beeinflussen, der sie erlebt. Weiter nichts! Manchmal ist das die einzige Option, die uns noch bleibt, außer wir bevorzugen es, dem nationalen polnischen Hang zu frönen, sich zu beklagen. Es bedarf lediglich der Bereitschaft, unseren Geist zu verändern, aber das steht unglücklicherweise nicht immer in unseren Lebensplänen geschrieben.

Beim Glücklichsein dreht es sich folglich um den Geist und um nichts anderes als um den Geist. Demzufolge handelt es sich um eine Angelegenheit des

Lernens durch Erfahrung. Glückseligkeit kann also am besten dadurch erreicht werden, dass man glücklich ist, das heißt, indem man seine Erwartungen fallen lässt. Dies ist tatsächlich der effektivste Weg, um Glück zu erleben, während wir uns für gewöhnlich mühen, etwas anderes zu erreichen, und zum Beispiel das bereits erwähnte Auto kaufen, um glücklich zu werden. Aber warum zwei Dinge unternehmen, wenn es doch nur um das Eine geht? Es ist eigentlich besser, mit dem zweiten anzufangen; glücklich sein – und dann können wir darüber nachdenken, uns ein Auto zu besorgen. Wenn wir jedoch von Anfang an nicht glücklich sind, besteht die Wahrscheinlichkeit, dass das neue Auto verwendet werden wird, um einen unzufriedenen Geist durch die Gegend zu chauffieren.

Es gibt jedoch noch eine weitere Sache, die uns dabei helfen kann, unsere Erwartungen aufzugeben, nämlich ein tiefes Verständnis davon, dass unsere Erwartungen für gewöhnlich von unseren Konzepten herrühren, wie die Dinge zu sein haben. Unsere Erwartungen werden letztendlich durch unsere Urteile hervorgerufen. Ein unerleuchteter Geist ersinnt immer wieder neue Szenarien, die als Referenz zur Beurteilung der Realität dienen. Dies ist eine der Hauptursachen für unser Leid. Jede aufeinanderfolgende Situation muss bewertet werden, es muss eine Einschätzung erarbeitet werden, anhand derer die Situation im Anschluss daran erlebt wird. Auf diese Weise werden die durch unsere Konzepte hervorgerufenen Beurteilungen als Realität erlebt, welche sich niemals so darstellt, wie es sein sollte, aufgrund der Unstimmigkeiten zwischen der Realität selbst und der entbehrlichen Hinzugabe unserer festen Vorstellungen und Wertungen. Es versteht sich von selbst, dass, wenn es diese Urteile nicht gäbe, es auch kein Unbehagen, kein Leiden und auch keine unerfüllten Hoffnungen gäbe.

Ich ließ mich diesbezüglich während einer meiner Reisen überzeugen, welche ja, wie man sagt, den Horizont erweitern. Während meines Aufenthaltes in Indien entschied ich mich, den 17. Karmapa Trinley Thaye Dorje zu besuchen, der in Kalimpong lebte. Dies ist eine eindrucksvoll situierte Stadt in Grenznähe zu Sikkim am Fuße des Himalaya. Den letzten Abschnitt der Reise muss man in einem Jeep absolvieren, der mehrere Stunden lang die Serpentinenstraßen erklimmt. Als ich am Startpunkt angelangte, stellte ich zu meinem Entsetzen fest, dass ich der letzte Passagier war, der auf den Jeep aufsitzen würde, was bedeutete, dass ich für die nächsten paar Stunden auf dem schlechtesten und engsten Platz sitzen musste, ohne frische Luft und ganz und gar zwischen den übrigen Reisenden eingeklemmt. Da ein durchschnittlicher Jeep über acht Sitzplätze verfügt, ist es ziemlich logisch, dass die Fahrer in Indien elf Tickets verkaufen. Unser Jeep beherbergte bereits elf Passagiere – ein Mann auf der Vorderbank hielt noch ein

Kind auf dem Schoß, also waren wir insgesamt mit dem Fahrer und meiner Selbst schließlich dreizehn Mann. Ich war beherrscht von der Idee, dass ich lieber auf dem Sitzplatz meines Nachbarn am Fenster sitzen wollte, weil ich dann zumindest durch das offene Fenster ein bisschen frische Luft schnappen könnte, was bei der Affenhitze von 40 Grad in einem vollgepackten Jeep ungemein von Vorteil wäre, abgesehen von der Tatsache, dass die meisten Einwohner Indiens nicht unbedingt immer dem Ritual einer morgendlichen Dusche huldigen. Und noch während ich mir meine erbärmliche Situation vor Augen führte, ereignete sich etwas, das häufig geschieht, wenn sich ein Auto wiederholt um 180 Grad wendet, wobei es die Nahrung in den Bäuchen der Passagiere dazu veranlasst, sich in deren Mägen herumzudrehen. Ein kleiner Junge, der vor uns saß, entleerte nach einer weiteren widerlichen, sich dem Berg entgegen windenden 180-Grad-Kurve den gesamten Inhalt seines Magens durch das Fenster hinaus. Dieser Inhalt verweilte für einen kleinen Moment außerhalb des Jeeps, nur um sich im Anschluss daran durch das Seitenfenster hindurch wieder direkt auf dem Kollegen niederzulassen, der auf dem von mir lang ersehnten Platz gesessen hatte. Können Sie sich vorstellen, wer augenblicklich zum glücklichsten Mitreisenden des Geländewagens wurde? Falls Sie einen Hinweis brauchen, es war nicht mein zuvor erwähnter Nachbar ...

Glücklich, einfach glücklich!

Plötzlich riss ich mich von der festen Vorstellung los, dass ich auf dem falschen Platz gesessen hätte! Und was für eine Freiheit tat sich in dem Moment auf, als ich jenes Konzept fallen ließ, das mir doch so viel Unbehaglichkeit bereitet hatte! Wir folgen der Gewohnheit zu denken, dass unsere Situation immer noch besser sein könnte, und dass wir uns niemals zur rechten Zeit am rechten Ort befänden. Dabei handelt es sich um nichts weiter als unsere eigene Erfindung, sie hat mit der Realität nichts zu tun. Mein Platz im Jeep war nichts Geringeres als perfekt von Anfang an, so wie mein Platz im Leben, aber ich wusste es einfach nicht und betrachtete ihn irrtümlicherweise als einen Ort der Folter. Unsere festen Vorstellungen determinieren unsere Realität. Es sind genau jene Konzepte, die uns den Spaß verderben. Es ist die Angewohnheit, dass wir jede einzelne unserer Erfahrungen mit einem Etikett versehen, welche letztendlich nie auf ein einziges Konzept begrenzt werden kann. Die Erfahrung selbst ist viel reicher als jedes Urteil, das wir in Bezug auf eine Situation fällen könnten. Es stellt sich heraus, dass wir, um Glück zu erleben, überhaupt nichts hinzugewinnen müssen: Im Gegenteil, wir müssen Dinge loslassen, zum Beispiel die unerwünschte Last unserer Konzepte hinsichtlich der Art und Weise, wie die Dinge sind und sein sollten. All unsere Beurteilungen sind wie schweres Gepäck, das wir mit uns herumschleppen in dem Bemühen, diesen Hürdenlauf zu gewinnen, der sich das Leben nennt, und natürlich lässt sich, je schwerer das Gepäck ist, desto leichter voraussagen, was sich beim ersten Hindernis ereignen wird.

Von Erwartungen und Urteilen frei zu sein, ist eine ausgesprochen fantastische Angelegenheit! Es ist nicht etwa die Minimalversion von Glück, zumal in dem Moment, wo uns das Glücklichsein gelingt, plötzlich eine derartige Offenheit und Leichtigkeit entsteht, wie wir uns vorher noch nicht einmal vorstellen konnten, während wir damit beschäftigt waren, uns alle möglichen anderen Patente fürs Glück zu erdenken. Wir dachten, dass man Hürdenläufe mit Koffern in den Händen veranstaltet, aber in Wirklichkeit kann man diese Disziplin auch ohne jedwedes Gepäck absolvieren. Wenn wir überhaupt nichts erwarten oder beurteilen, dann wird es, was immer auch geschehen mag, zu einer Überraschung und zu einer vorzüglichen Gelegenheit zum Spielen, zumal zwischen dem, was geschieht, und dem, was laut unseren Konzepten und Wertungen geschehen soll, kein Widerspruch besteht. So wird die Welt in der Tat zu einem kosmischen Scherz des Raumes, und es gibt keine Möglichkeit zur Verschlechterung mehr. Insbesondere, wo die großen buddhistischen Meister sagen, je schlimmer, desto besser! Und der beste Beweis für diese Aussage ist ihr hochansteckendes Gelächter, das umso überzeugender klingt, wenn sie zum Beispiel die letzten zwanzig Jahre paralysiert in einem Rollstuhl verbracht haben, wie

Mipham Rinpoche, einer der größten Lamas und Vater des 17. Karmapa.

Erwartungen und Urteile loszuwerden, ist wie Ballast aus einem Heißluftballon abzuwerfen, der, vom Gewicht befreit, immer höher aufzusteigen beginnt. Solange wir diese Erfahrung nicht machen, tendieren wir dazu, unsere eigenwillige Höhenangst zu kultivieren: Wir halten an unseren Erwartungen, Urteilen und Konzepten fest, die uns daran hindern, loszufliegen. Wir halten uns also für besonders bodenständig oder so ähnlich, aber der Preis, den wir dafür zu berappen haben, ist Langeweile und eine begrenzte Sicht auf die Dinge, die nicht mit dem 360-Grad-Rundblick aus einem Heißluftballon zu vergleichen ist. Und obwohl dieses Beispiel nahezulegen scheint, dass ich voller heißer Luft sei, meine ich natürlich eigentlich, dass wir zu Piloten werden sollten. Freisein von Erwartungen, Urteilen und Konzepten stellt uns beispiellosen Zugriff auf die unermessliche Weite des Raumes zur Verfügung, in dem uns nichts mehr begrenzen und aufhalten kann. Die Stadt, die wir jetzt betrachten, hat sich nicht verändert, es ist noch immer genau dieselbe alte Stadt, aber wir nehmen sie nicht mehr aus der Perspektive der engen Gassen und Bürgersteige wahr, wo die großen, unüberwindlich scheinenden Häuser, also unsere Konzepte, den Blickwinkel beschränken. Wir sehen die Stadt, den weiten Himmel und den sie umgebenden Raum; wir können hingehen, wo immer es uns beliebt. Es ist eine vollständig andere Erfahrung, obwohl es sich um dieselbe Realität handelt, die wir erleben. Und bei dem Ballon selbst, nur um dieses verdächtige Beispiel zu erläutern, handelt es sich um buddhistische Meditation, die uns in die Lage versetzt, unseren Geist kennenzulernen und zu transformieren. Der unten angebrachte Hängekorb repräsentiert die buddhistische Philosophie, die uns unterstützt, und die heiße Luft, die uns nach oben befördert, stellt unsere Motivation dar. Motivation ist im Buddhismus von fundamentaler Bedeutung. Ohne Motivation handelt es sich bei der ganzen Philosophie um eine trockene Ansammlung von Informationen, die unserem Leben zwar ein wenig mehr Leichtigkeit verleihen mögen, aber Philosophie wird uns nicht zu jenem unbedingten Glück führen, das im Buddhismus gemeinhin als Erleuchtung bezeichnet wird.

Und schließlich – lasst uns der Wahrheit ins Gesicht schauen – ist diese ganze Glückseligkeit etwas, das mit anderen geteilt werden sollte. Man erlangt dieses Glück nicht nur, um es mit anderen zu teilen, sondern auch um ihnen mitzuteilen, wie man es erreichen kann, wobei es sich in der Tat um das größte Geschenk handelt, das man sich vorstellen kann. Denn wenn wir selbst niedergeschlagen sind, was können wir denn jemandem bieten, der sich ebenfalls nicht so gut fühlt? Wir könnten solchen Menschen im besten Fall noch mitteilen, dass ihre Depression im Vergleich zur unsrigen erheblich pathetischer sei, um auf diese Weise unserer eigenen Misere noch ein wenig Trost abzugewinnen, oder wenn sie doch leidlicher als die Misere der anderen ist, wir nicht so einfach davon lassen können. Manche geben sich dem Leiden hin und sind dabei davon überzeugt, dass eine leidende Person auch eine tiefgründige Person sei, während eine glückliche Person zu oberflächlich erscheint, um ihr Vertrauen schenken zu können, weil sie vermutlich nicht ganz so viel Ahnung vom Leben hat. Offenbar besitzt nur ein Pessimist eine nüchterne Sicht auf die Dinge – man erzählt sich ja schließlich, ein Pessimist sei ein gut informierter Optimist.

Aus buddhistischer Perspektive sieht das aber ganz anders aus. Pessimismus rührt hier von einem Mangel an Informationen über die Natur des Geistes und die Natur der Phänomene. Diese Wissenslücke in Bezug auf den Geist macht uns unfähig, ihm irgendwelches Glück abzugewinnen, während uns unsere Unwissenheit über die Welt daran hindert, sie zu genießen. Am Ende des Tages ist alles, was wir anbieten können, Pessimismus, worüber wir im Überfluss verfügen. Was jedoch heilig und heiß begehrt ist, ist das Glück. Glücklichsein ist ein Zustand, der sich in dem Moment, wo wir ihn erreichen, auf natürliche Weise potenziert, weil wir uns voller Freude erleben. Dann schließen wir uns höchst selten in die Toilette ein, um einsam zu sein, sondern wir tendieren eher dazu, unsere Freunde mit einzuladen – so werden dann aus einer glücklichen Person viele. Der buddhistische Weg, der dieser natürlichen Tendenz nachgeht, spezialisiert sich in Richtung Freude, welche genau aus dem Grund erreicht wird, um wieder mit anderen geteilt zu werden. Dieser Weg führt einen Bodhisattwa zur Erleuchtung. Ein Bodhisattwa ist jemand, der verspricht, Erleuchtung zum Besten aller Wesen zu erlangen. Das Vorbild eines Bodhisattwa scheint am profitabelsten, wenn wir es aus mathematischer Perspektive beleuchten. Nichts ist für unser Glück mehr von Vorteil, als sich auf das Glück anderer zu fokussieren. Wenn sich von 100 Menschen jeder einzelne darauf ausrichtet, den anderen zu helfen, dann hat jeder von ihnen 99 Verbündete, und mit solcher Unterstützung wird einfach alles zu einem Kinderspiel. Andernfalls wird, wenn jeder der 100 Menschen nur an sich selbst denkt, jeder einzelne mit seinen Angelegenheiten alleine dastehen und dabei die ganze Zeit 99 anderen Egoisten über den Weg laufen, weil jeder von ihnen die eigene Lebensplanung für die wichtigste hält. Es erstaunt nicht, dass es in einer solchen Situation kaum möglich ist, irgendetwas zu erreichen, egal wie sehr man sich anstrengt. Shantideva brachte es folgendermaßen zum Ausdruck: Das ganze Unglück der Welt rührt daher, dass wir unserem eigenen Glück nachlaufen, obwohl alles Glück der Welt dadurch entsteht, anderen Glück zu wünschen.

Glücklich, einfach glücklich!

Unserem eigenen Streben nach Glück zuliebe macht sich nichts besser bezahlt als Altruismus; unsere eigene Glückseligkeit ist vom Glück der anderen untrennbar. Erinnern Sie sich noch an die Zeit, in der Sie Ihrem Herzblatt etwas wirklich Kostbares überreicht haben, als Ihnen diese Freude viel kostbarer war als jene, den Gegenstand selbst zu besitzen? Dies ist einer der authentischsten Momente, die erlebt werden können, wenn wir aus dem Gefühl heraus handeln, voll und ganz mit der uns umgebenden Realität verbunden zu sein. Also spalten wir uns nicht von ihr ab und so auch nicht von der Freude der anderen! In diesem Moment ist es unserem Ego noch nicht gelungen, sich aus der Realität herauszuschälen, und deshalb können wir anstelle von dessen Enge allgemeine Freude genießen. Mögen wir alle immer mehr solche Momente wie diesen erleben, bis sie sich über 24 Stunden erstrecken!

Anmerkungen des Übersetzers

Das Schönste am Übersetzen ist die Erfordernis, im Verlauf der Übung die Anhaftung an eigene Gedankenketten aufzugeben. Schließlich gilt es hier, nicht das eigene Denken, sondern allein die Äußerungen des Autors im Auge zu behalten. Zwar schwingt das Denken notwendigerweise noch mit, jedoch erhält es dabei nicht mehr als die für das Ganze des Prozesses erforderliche Aufmerksamkeit.

Der Übersetzer dankt Artur *Przybysławski* für sein Vertrauen und die damit einhergehende Gelegenheit, sich noch intensiver als durch bloßes Lesen mit dem erheiternden Inhalt des Buches auseinanderzusetzen. Allen voran möchte er jedoch seiner Mutter für die Geduld danken, die sie ihm ohnehin zunächst im Verlauf des Lebens und sogar in diesem Zusammenhang – bei einer ersten Lektüre der übersetzten Kapitel dieses Buches – entgegenbrachte. Weiterhin dankt er besonders Astrid Poier-Bernhard für die klarsichtige, aufmerksame und eingerichtete, mit dem Kontext befasste editoriale Betreuung des entwickelten Textes. Sicherlich würde es hier jetzt zu weit führen, auch noch all jenen zahllosen Protagonisten zu danken, die mittels ihres wie auch immer gearteten

Anmerkungen des Übersetzers

Zutuns zur Entstehung dieser Übersetzung durch den gesamten Verlauf der Sprachgeschichte hinweg seit anfangsloser Zeit dazu beigetragen haben, dass uns heute diese deutsche, äußerst philosophische Sprache mit all ihrer Vielfalt und Genauigkeit als Werkzeug zur Verfügung steht, mit der sich eigentlich Unbegreifliches, wie etwa »Leerheit« oder »Erfahrung«, andeuten, beziehungsweise zum Ausdruck bringen lässt.

Das Buch, welches ursprünglich in polnischer Sprache verfasst wurde, ist nicht aus dem Polnischen, sondern auf Basis der von Sarah Luczaj und Robert Naczas angelegten englischen Übersetzung *Emptiness is Joy or Buddhist Philosophy for Those Who Like to Laugh* ins Deutsche übertragen worden. Dies erklärt sich unter anderem auch dadurch, dass der Autor des Originaltextes *Pustka jest radosciq, czyli filozofia buddyjska z przymrużeniem (trzeciego) oka* in der Tat die englische Fassung seines Buches für noch ausgereifter als die erste Edition des polnischen Originals erachtete.

Glücklicherweise konnte der Übersetzer zudem bei offenen Fragen den Autor selbst um Stellungnahme bitten – ein unglaublicher Vorteil. Beim Interpretieren klassischer Texte aus dem Tibetischen stellte sich das gänzlich anders dar.

Wie dem auch sei, hoffentlich gelingt es der nun vorliegenden deutschen Version ebenfalls, dem freudvollen Tanz der Buchstaben auf dem feinen Grat der Leere zwischen gestellter Ernsthaftigkeit und tiefsinnigem Humor Rechnung zu tragen.

Anmerkungen des Übersetzers

Zu guter Letzt möchte der Übersetzer Lama Ole danken, ohne dessen beständige Inspiration für regelmäßige Meditation er wohl kaum je die Konsequenz entwickelt hätte, sich über einen losen Zeitraum von fast drei Jahren hinweg diesem Projekt immer wieder zu widmen.

Berlin, November 2020

Bibliografische Information der Deutschen Nationalbibliothek
Die Deutsche Nationalbibliothek verzeichnet diese Publikation in der Deutschen Nationalbibliografie; detaillierte bibliografische Daten sind im Internet über http://dnb.d-nb.de abrufbar.

Es ist nicht gestattet, Texte dieses Buches zu scannen,
in PCs oder auf CDs zu speichern oder mit Computern zu verändern oder einzeln oder zusammen mit anderen Bildvorlagen zu manipulieren, es sei denn mit schriftlicher Genehmigung des Verlages.

Alle Rechte vorbehalten

© by S. Marix Verlag in der Verlagshaus Römerweg GmbH, Wiesbaden 2022
Korrektorat: Gabriele Günther, Leipzig
Covergestaltung: Karina Bertagnolli, Wiesbaden
Satz und Bearbeitung: Anja Carrà, Weimar
Der Titel wurde in der Adobe Caslon Pro gesetzt.
Gesamtherstellung: CPI books GmbH, Leck – Germany

ISBN: 978-3-7374-1207-0

Mehr über Ideen, Autoren und Programm des Verlags finden Sie auf www.verlagshausroemerweg.de und in Ihrer Buchhandlung.